HEILONGJIANG SHENG
NONGCUN TUDI DIAOCHA XIANGMU
QUFEI BIAOZHUN YANJIU

黑龙江省农村土地调查项目取费标准研究

黑龙江省国土空间规划研究院 ◎ 编著

内 容 简 介

本书以黑龙江省土地调查取费标准研究项目的各项成果为基础资料,对该项目的研究过程进行了系统回顾,结合工作实际和相近行业标准对研究成果进行了应用验证,介绍了研究过程中存在的问题及解决办法,总结出研究工作开展过程中的创新点,并对土地调查相关工作的开展提出了建议。本书适用于土地调查预算编制单位和预算审查、审批部门使用,也可供于从事国土调查、自然资源调查的其他人员参考。

图书在版编目(CIP)数据

黑龙江省农村土地调查项目取费标准研究 / 黑龙江省国土空间规划研究院编著. — 北京：气象出版社，2019.10

ISBN 978-7-5029-7060-4

Ⅰ.①黑… Ⅱ.①黑… Ⅲ.①农村-土地资源-资源调查-研究-黑龙江省 Ⅳ.①F323.211

中国版本图书馆 CIP 数据核字(2019)第 226646 号

出版发行：气象出版社

地　　址：北京市海淀区中关村南大街 46 号　　　　邮政编码：100081

电　　话：010-68407112(总编室)　010-68408042(发行部)

网　　址：http://www.qxcbs.com　　　　E-mail：qxcbs@cma.gov.cn

责任编辑：颜娇珑　　　　　　　　　　　　　　　终　审：吴晓鹏

责任校对：王丽梅　　　　　　　　　　　　　　　责任技编：赵相宁

封面设计：博雅思企划

印　　刷：北京建宏印刷有限公司

开　　本：880 mm×1230 mm　1/16　　　　　　　印　张：9.125

字　　数：147 千字

版　　次：2019 年 10 月第 1 版　　　　　　　　　印　次：2019 年 10 月第 1 次印刷

定　　价：48.00 元

本书如存在文字不清、漏印以及缺页、倒页、脱页等,请与本社发行部联系调换。

《黑龙江省农村土地调查项目取费标准研究》
编辑委员会

主　　编	狄　春　刘国权　汪继伟
副 主 编	陶军德　岳彩丰　李　勇　康丽丽
编写人员	张琳琳　赵宇超　孙　彤　杨思博
	康　璐　刘天宝　肖　洋　刘　丹
	郭　丹　张　默　宋英赫　马　佳
	赵平原　史佳鑫　刘龙盛　刘学伟
	李　伟　梁英桥

前　言

　　土地调查是我国法定的一项重要制度,是全面查清、查实土地资源的重要手段。目前,我国已完成两轮土地调查以及数据公布等工作,在优化土地资源配置、保护粮食安全、保障地区经济社会可持续发展等方面发挥了重要作用。第三次全国国土调查工作已在开展,土地调查在自然资源管理及国民经济和社会发展相关领域上升至十分重要的地位。为保持土地调查成果的现势性,准确获取土地基础数据,我国每年组织一次年度土地变更调查,以切实发挥土地调查成果的基础作用,拓展调查成果的应用范围和领域。虽然土地调查工作已周期化,土地变更调查工作已逐渐步入常态化、规范化、法制化新轨,但目前,国家层面缺乏土地调查类项目取费标准和依据,黑龙江省也暂未出台省级层面的指导意见,出现了土地调查业务实际收费与工作量和难易程度不匹配、个别机构压价竞争和主观协商定价等情况,影响了从业队伍及市场的规范健康发展,也影响到了项目成果的质量和工作进度,成为多年来困扰土地调查预算编制单位和各级财政部门的一大难题。为规范黑龙江省土地调查服务收费,促进土地调查业务健康有序发展,经省财政厅、省国土资源厅批准立项开展黑龙江省土地调查取费标准研究。

　　该研究项目自 2012 年 10 月立项起,经财政、国土、研究机构、作业单位、众多土地调查从业人员和各有关部门的共同努力,以国家和省有关法律法规及行业相关技术标准和要求为依据,采用多因素综合判定法、实证分析法、专家调研法、主成分分析法、经验估计法、统计分析法、类推比较法、数值测定法、工时分析法、人工取费标准法等多种方法,完成了土地调查业务标准化研究、样点区跟踪监测、经费投入影响因素研究、经费测算数学模型建立、调查项目取费标准编制等多项研究任务,最终形成了《黑龙江省土地调查困难影响分级图册》《黑龙江省农村土地调查项目取费标准研究数据分析表册》《黑龙江省农村土地利用现状调查取费标准》和《黑龙江省农村土地利用变更调查取费标准》等研究成果。

本书以黑龙江省土地调查取费标准研究项目的各项成果为基础资料,对该项目的研究过程进行了系统回顾,结合工作实际和相近行业标准对研究成果进行了应用验证,介绍了研究过程中存在的问题及解决办法,总结出研究工作开展过程中的创新点,并对土地调查相关工作的开展提出了建议。

该书的出版,可以填补黑龙江省土地调查取费研究领域的理论空白,充实黑龙江省自然资源标准化管理理论基础,为各级政府编制科学合理的经费预算提供依据,为财政部门审查、批准土地调查经费提供依据,进一步规范各地开展土地调查的工作标准和业务流程,促进黑龙江省土地调查行业健康发展。同时,希望该书为正在开展的第三次国土调查相关工作提供借鉴。

本书适合土地调查预算编制单位和预算审查、审批部门使用,也可供从事国土调查、自然资源调查的其他人员参考。

本书编撰过程中得到了黑龙江省财政厅、黑龙江省自然资源厅有关领导及专家的大力支持和指导,在此一并表示衷心的感谢。本书涉及面广、信息量大,由于土地调查专业性强,涉及学科和行业门类较多,作者水平有限,难免存在不足和疏漏之处,敬请广大读者和同行悉心指教。

编者

2018 年 8 月

目 录

前言

第一章 项目概况 …………………………………………………………………… (1)

第一节 项目来源 ………………………………………………………………… (1)

第二节 研究的目的与意义 ……………………………………………………… (2)

一、理论意义 …………………………………………………………………… (2)

二、实践意义 …………………………………………………………………… (3)

第三节 总体目标 ………………………………………………………………… (4)

第四节 研究内容 ………………………………………………………………… (4)

一、农村土地调查业务标准化研究 …………………………………………… (5)

二、样点区跟踪监测 …………………………………………………………… (5)

三、农村土地调查经费投入影响因素研究 …………………………………… (5)

四、建立农村土地调查经费测算数学模型 …………………………………… (6)

五、编制农村土地调查取费标准 ……………………………………………… (6)

第五节 研究的重点、难点与关键点 …………………………………………… (7)

一、研究的重点 ………………………………………………………………… (7)

二、研究的难点 ………………………………………………………………… (7)

三、研究的关键点 ……………………………………………………………… (7)

第二章 研究方法与研究依据 ……………………………………………………… (8)

第一节 基本概念 ………………………………………………………………… (8)

一、土地调查相关概念 ………………………………………………………… (8)

二、取费标准相关概念 …………………………………………………… (12)

三、数学模型建立相关概念 ……………………………………………… (14)

第二节　研究方法 …………………………………………………………… (15)

一、土地调查困难影响相关研究方法 …………………………………… (15)

二、权重确定方法 ………………………………………………………… (16)

三、取费标准确定方法 …………………………………………………… (19)

第三节　研究依据 …………………………………………………………… (22)

一、土地调查业务标准化研究依据 ……………………………………… (22)

二、样点区跟踪监测技术依据 …………………………………………… (23)

三、农村土地调查经费投入影响因素研究依据 ………………………… (23)

四、农村土地调查经费测算数学模型建立依据 ………………………… (24)

五、农村土地调查项目取费标准编制依据 ……………………………… (24)

第四节　技术流程 …………………………………………………………… (24)

一、总体技术路线与技术流程 …………………………………………… (24)

二、农村土地调查业务标准化研究技术流程 …………………………… (25)

三、样点区跟踪监测技术流程 …………………………………………… (26)

四、农村土地调查经费投入影响因素研究技术流程 …………………… (26)

五、农村土地调查经费测算数学模型建立流程 ………………………… (27)

六、农村土地调查项目取费标准编制流程 ……………………………… (27)

第三章　研究情况及主要成果 …………………………………………… (29)

第一节　土地调查业务标准化研究 ………………………………………… (29)

一、土地调查工作内容细分 ……………………………………………… (29)

二、土地调查工作项划分 ………………………………………………… (31)

三、工作内容与工作项之间的关系 ……………………………………… (32)

第二节　样点区跟踪监测 …………………………………………………… (34)

一、确定样点区 …………………………………………………………… (35)

二、确定人员费标准预算值 ……………………………………………… (41)

三、现状调查案例 …………………………………………………………… (49)

四、变更调查案例 …………………………………………………………… (56)

第三节 土地调查经费投入影响因素研究 ………………………………………… (57)

一、土地调查经费投入影响因素分析 ………………………………………… (57)

二、土地调查困难类别影响因素体系构建 …………………………………… (61)

三、困难影响因素补充调查 …………………………………………………… (64)

四、困难影响因素标准化 ……………………………………………………… (67)

五、土地调查困难影响综合值 ………………………………………………… (69)

第四节 建立土地调查经费测算数学模型 ………………………………………… (70)

一、基于层次分析法的取费标准计算模型设计 ……………………………… (70)

二、困难影响因素标准化数学模型 …………………………………………… (71)

第五节 编制农村土地调查项目取费标准 ………………………………………… (71)

一、基础标准值困难级别的确定及其他级别预算费用系数的确定 ………… (71)

二、土地现状调查及土地变更调查综合预算标准 …………………………… (73)

三、取费标准确定 ……………………………………………………………… (74)

第四章 研究成果应用验证 …………………………………………………………… (76)

第一节 应用验证 …………………………………………………………………… (76)

一、验证前的准备 ……………………………………………………………… (76)

二、验证区变更调查实际成本 ………………………………………………… (78)

三、利用取费标准测算样本区变更调查预算 ………………………………… (78)

四、变更调查取费标准验证结论 ……………………………………………… (79)

第二节 与相关行业相近工作的比较 ……………………………………………… (80)

一、与《国土资源调查预算标准》的比较 …………………………………… (80)

二、与《测绘生产成本费用定额》的比较 …………………………………… (84)

第五章 存在的问题及解决办法 ……………………………………………………… (86)

第一节 存在的问题 ………………………………………………………………… (86)

一、取费标准和定额标准的界限模糊 ………………………………………… (86)

二、困难影响分析涉及的主要因素不全面 …………………………… (86)

　　三、缺少成果应用验证及与相关工作的比较 ………………………… (87)

　第二节　解决办法 …………………………………………………………… (87)

　　一、确定研究主题为土地调查取费标准研究 ………………………… (87)

　　二、困难影响因素增加行政区规模 …………………………………… (87)

　　三、进行成果应用验证及与相关工作的比较 ………………………… (88)

第六章　创新与建议 ……………………………………………………………… (89)

　第一节　创新 ………………………………………………………………… (89)

　　一、构建了符合土地调查困难类别综合评价指标体系 ……………… (89)

　　二、开展了困难影响因素的补充调查 ………………………………… (89)

　　三、开展了针对土地调查取费标准编制方法的研究 ………………… (89)

　　四、建立了土地调查预算量化的计算模型 …………………………… (90)

　　五、对土地调查工作项进行了细分 …………………………………… (90)

　第二节　建议 ………………………………………………………………… (91)

　　一、困难类别判定体系制定与应用建议 ……………………………… (91)

　　二、开展相关的取费标准研究 ………………………………………… (92)

第七章　结论 ……………………………………………………………………… (93)

　第一节　研究结论 …………………………………………………………… (93)

　第二节　取费标准预算表的应用 …………………………………………… (94)

　　一、基本应用 …………………………………………………………… (94)

　　二、特殊情况的应用 …………………………………………………… (94)

附件一　样点区现状调查跟踪监测样表 ………………………………………… (97)

　附表 1-1　现状调查基本情况表 …………………………………………… (97)

　附表 1-2　现状调查财务分类表 …………………………………………… (98)

　附表 1-3　现状调查技术分类表 …………………………………………… (99)

　附表 1-4　现状调查困难影响分类表 ……………………………………… (102)

附件二　样点区变更调查跟踪监测样表 ·· (103)

　　附表 2-1　变更调查基本情况表 ·· (103)

　　附表 2-2　变更调查财务分类表 ·· (104)

　　附表 2-3　变更调查技术分类表 ·· (105)

　　附表 2-4　变更调查困难影响分类表 ······································ (109)

附件三　变更调查困难影响因素补充调查汇总样表 ····························· (110)

附件四　现状调查困难影响因素标准化值分级表 ······························· (111)

附件五　变更调查困难影响因素标准化值分级表 ······························· (112)

附件六　现状调查困难影响等级确定表 ·· (113)

附件七　变更调查困难影响等级确定表 ·· (114)

附件八　土地利用现状调查预算标准综合表 ···································· (115)

附件九　土地变更调查预算标准综合表 ·· (120)

附件十　黑龙江省土地利用现状调查基础取费标准表 ···························· (125)

附件十一　黑龙江省土地利用变更调查基础取费标准表 ·························· (127)

附件十二　现状调查困难影响因素补充调查汇总样表 ···························· (129)

图表目录

图 1	总体技术路线	(25)
图 2	业务标准化技术流程	(26)
图 3	样点区跟踪监测技术流程	(26)
图 4	农村土地调查经费投入影响因素研究技术流程	(27)
图 5	农村土地调查经费测算数学模型建立技术流程	(27)
图 6	农村土地调查项目取费标准编制流程	(28)
表 1	现状调查工作内容	(29)
表 2	变更调查工作内容	(30)
表 3	土地调查工作项	(32)
表 4	现状调查工作项与工作内容的关系	(32)
表 5	变更调查工作项与工作内容的关系	(33)
表 6	样点区土地调查基本情况	(41)
表 7	基本工资与资助工资计算方法和标准	(43)
表 8	工资附加费用构成及计算方法和标准	(44)
表 9	人工预算单价计算表	(44)
表 10	与六类地区工资所对应的其他地区工资系数表	(45)
表 11	辅助工资系数表	(45)
表 12	辅助工资标准表	(45)
表 13	工资附加费标准表	(45)

表 14　甲、乙类工基本工资标准 …………………………………………………… (46)

表 15　机关工作人员艰苦边远地区津贴标准表（按技术等级划分） …………… (47)

表 16　机关工作人员艰苦边远地区津贴标准表（按岗位等级划分） …………… (48)

表 17　甲类工人工费预算单价计算表 …………………………………………… (48)

表 18　乙类工人工费预算单价计算表 …………………………………………… (49)

表 19　土地现状调查困难类别判定指标体系 …………………………………… (63)

表 20　土地变更调查困难类别判定指标体系 …………………………………… (63)

表 21　土地现状调查困难影响因素权重 ………………………………………… (64)

表 22　土地变更调查困难影响因素权重 ………………………………………… (64)

表 23　土地利用现状调查预算级别费用权重系数 ……………………………… (72)

表 24　土地变更调查预算级别费用权重系数 …………………………………… (73)

表 25　验证区基本情况表 ………………………………………………………… (78)

表 26　地形测量预算标准 ………………………………………………………… (81)

表 27　地形测量困难类别表 ……………………………………………………… (82)

表 28　地形图编绘预算标准 ……………………………………………………… (83)

表 29　地理底图编绘困难类别 …………………………………………………… (84)

第一章 项目概况

第一节 项目来源

"十二五"是我国全面建成小康社会的关键时期,也是我国城镇化、工业化、国际化、市场化快速发展的时期,各类建设用地和生态用地需求进一步扩大,耕地保护面临的压力也越来越大,耕地保护和经济发展用地的矛盾日益突出,土地供需矛盾和资源利用不合理形势严峻,土地资源的供给成为制约国民经济健康发展的瓶颈,需要更加严密地监控每一寸土地。党的十八大提出了优化国土空间开发格局、全面促进资源节约、推动城乡发展一体化等一系列国土资源管理工作的新要求,土地调查已经成为国土资源管理工作的重要基础。目前,我国已完成的两轮土地调查以及数据公布等工作,在优化土地资源配置、保护粮食安全、保障地区经济社会可持续发展等方面发挥了重要的作用,土地调查在国土资源管理及国民经济和社会发展相关领域上升至十分重要的地位。为保持全国第二次土地调查成果的现势性,准确获取土地基础数据,我国每年组织一次年度土地变更调查,以切实发挥土地调查成果的基础作用,拓展二次调查成果的应用范围和领域。虽然土地变更调查工作已逐渐步入常态化、规范化、法制化新轨,但目前,国家层面缺乏土地调查类项目取费标准和依据,黑龙江省也暂未出台省级层面的指导意见,出现了土地调查业务实际收费与工作量和难易程度不匹配,个别机构压价竞争和主观协商定价等情况,影响了从业队伍及市场的规范健康发展,也影响到了项目成果的质量和工作进度,成为多年来困扰土地调查预算编制单位和各级财政部门的一大难题,在这样的环境下开展取费标准研究很有必要。

为规范黑龙江省土地调查服务收费,促进土地调查业务健康有序发展,经省财政厅、省国土资源厅批准立项开展黑龙江省土地调查取费标准研究。

第二节 研究的目的与意义

土地调查专业性强,涉及学科和行业门类较多,工作任务繁杂,所需资金数额巨大。土地调查经费投入的合理与否,对土地调查事业和行业的发展有着重大影响。因此,开展土地调查项目取费标准研究具有重要的理论意义和实践意义。

一、理论意义

(一)开展农村土地调查项目取费标准研究,可以填补黑龙江省土地调查取费研究领域的理论空白

目前,国外对土地调查取费标准没有进行过专门的研究,而土地概查、土地详查、第二次土地调查等全国范围的土地调查工作一般都是采取参照国家测绘局《测绘工程产品价格和测绘工程产品困难类别细则》、临时出台经费预算指导意见、临时编列经费预算等方法,没有制定或出台过取费标准,也没有进行过专门的取费标准研究。因此,对农村土地调查项目取费标准进行研究在国内外尚属首次。

(二)开展农村土地调查项目取费标准研究,可以充实黑龙江省国土资源标准化管理理论基础

标准化是国土资源调查、规划、管理、合理利用和保护的重要科学技术基础,是国土资源管理工作的重要组成部分。国土资源标准化工作的主要任务是:贯彻国家有关标准化法律法规,组织制定国土资源标准化工作的规划、计划,建立和完善国土资源技术标准体系,组织制定、修订、宣传、贯彻和监督实施国土资源标准。目前,黑龙江省在贯彻执行国家标准、规定方面的工作一直做得非常好,但地方标准化建设尚待

完善,对农村土地调查取费标准的研究,可以充实黑龙江省国土资源系统标准化管理的理论。

二、实践意义

(一)开展农村土地调查项目取费标准研究,可以为各级政府编制科学合理的经费预算提供依据

《土地调查条例》规定,国家根据国民经济和社会发展需要,每10年进行一次全国土地调查;根据土地管理工作的需要,每年进行土地变更调查。土地调查已经成为各级政府的日常性工作,土地调查经费每年都要编列和支出。由于土地调查涉及土地资源、测绘、计算机科学、卫星遥感影像处理、数据库、项目组织管理等多学科、多领域,加之国家根据国民经济发展和宏观经济调控的实际需要,每年下达的土地调查任务和内容不尽相同,而且不同的地区工作难易程度不同,使各地的土地调查经费预算编制工作面临许多困难,造成了土地调查经费预算不合理的现象,影响了土地调查工作的顺利进行。在黑龙江省制定一套完整全面的农村土地调查项目取费标准,可以切实解决各级政府预算编制工作中没有土地调查取费标准的难题。

(二)开展农村土地调查项目取费标准研究,可以为财政部门审查、批准土地调查经费提供依据

农村土地调查项目取费标准能够规范土地调查项目预算支出,为财政部门开展农村土地调查项目预算审查、批准等工作提供便利,从而达到节约财政经费,提高财政预算工作的透明度、公平性和约束力的目的。

(三)开展农村土地调查项目取费标准研究,可以进一步规范各地开展土地调查的工作标准和业务流程

开展土地调查项目取费标准研究,首先要开展土地调查业务标准化研究,厘清土地调查业务分类层级,每项业务包含的具体工作内容、工作量等,对进一步推进土地调查工作的标准化和规范化有着非常重要的作用。

(四)开展农村土地调查项目取费标准研究,可以进一步规范土地调查行业发展

由于土地调查工作任务量大,技术要求高,需要专业技术队伍的配合。在实际工作中,基层财政和国土部门对土地调查工作中涉及的专业性较强的技术工作的方法、流程等缺乏了解,一些作业单位采取欺瞒手段,故意抬高项目费用,造成财政资金浪费。而有的因对专业工作缺乏了解少做预算,导致实际所需经费缺口较大,影响作业队伍工作积极性。因此,编制统一的农村土地调查项目取费标准,可以引导土地调查行业走上健康有序发展的轨道,从而进一步促进土地调查事业的发展。

第三节 总体目标

通过对黑龙江省已完成的农村土地调查工作经费投入情况进行剖析,建立土地调查经费投入情况的困难影响数学模型,编制形成《黑龙江省农村土地利用现状调查取费标准》(比例尺 1∶10 000)、《黑龙江省农村土地利用变更调查取费标准》(比例尺 1∶10 000),最终报财政部门批准后执行,供各地在编制农村土地调查预算以及财政管理时参照,初步实现黑龙江省农村土地调查预算编制工作的标准化、科学化和自动化。

第四节 研究内容

研究内容主要包括农村土地调查业务标准化研究、样点区跟踪监测、农村土地调查经费投入影响因素研究、建立农村土地调查经费测算数学模型和编制农村土地调查取费标准,具体研究内容如下。

一、农村土地调查业务标准化研究

将农村土地调查分为土地利用现状调查和土地利用变更调查两大类,根据《第二次全国土地调查技术规程》《全国土地变更调查工作规则(试行)》,深入研究农村土地现状调查和变更调查的具体工作内容、工作方法、工作标准和工作流程,细化得出农村土地现状调查和变更调查的工作内容、工作项。

二、样点区跟踪监测

以县级行政区域为单位,根据土地总面积、图斑数量、地形地貌特征、工作组织难易程度等在全省划分若干区域,在每个区域内选择典型县级单位作为样点区,运用财务核算、审计等手段,对选取的样点区土地调查经费投入情况进行计算,得出各样区在农村土地现状调查和变更调查中,按标准化工作内容、工作项的经费支出情况。

三、农村土地调查经费投入影响因素研究

根据收集整理的数据资料,采用统计学、经济学等分析方法,分析研究影响不同区域农村土地调查经费投入的影响因子。包括以下研究内容。

(一)分析农村土地调查的困难影响因素

土地调查困难度,反映了完成土地调查工作所需付出的劳动代价,即工作量大小。因此,土地调查困难影响度对土地调查取费有重要影响。以第二次全国土地调查(以下简称"二次调查")为例,二次调查是国务院部署的一项重大国情国力调查,历时5年时间,采用了卫星遥感(RS)、航空摄影、全球卫星定位系统(GPS)、地理信息系统(GIS)等先进技术和设备完成,其困难度的影响因素既有工作层面,也有技术层面,既有定量的,也有定性的。本次研究需要全面、系统地进行分析把握,找出全部影响

因素,为黑龙江省农村土地调查困难类别判定因素体系的构建提供基础。

(二)农村土地调查困难类别影响因素体系的构建

土地调查困难类别影响因素体系的构建,是确定不同地区土地调查困难类别的关键环节,更是制定土地调查取费标准的前提。土地调查类项目经费预算的编制和取费标准的确定都是发生在项目开展之前,所以并非所有的影响因素在编制预算和确定取费标准的时候都能确定,且有些影响因素间还存在相关性,有些因素又不可量化。因此,综合考虑农村土地调查困难度影响因素的特点,从中识别并构建可定量化的农村土地利用调查困难类别判定因素体系,可使指标体系能够符合农村土地调查工作的专业性特点,具有更强的针对性、可操作性。

(三)土地调查困难类别的划分

全省地市、县等行政区众多,影响因素较多,且各因素单位不统一,反映的内容也不同,不具有可比性,无法判定各地困难类别判定因素值与土地调查困难度之间的内在关系和规律。选择合理的方法对各地各困难类别判定因素进行分析、处理、归纳,确定黑龙江省土地调查的类别和判定标准。

四、建立农村土地调查经费测算数学模型

通过对影响因子分析,形成影响因子权重,建立数学模型,计算出不同区域困难影响综合系数。

五、编制农村土地调查取费标准

根据分析研究结果,编制一套全面、科学、系统、动态的适合黑龙江省实际情况的农村土地调查项目取费标准,包括现状调查取费标准和变更调查取费标准。

第五节 研究的重点、难点与关键点

一、研究的重点

1. 农村土地调查经费投入影响因素研究
2. 农村土地调查取费标准的确定

二、研究的难点

1. 农村土地调查经费影响因子选择
2. 地区差异分级指标选择

三、研究的关键点

1. 农村土地调查业务标准化
2. 农村土地调查难度地域分级
3. 农村土地调查经费测算数学模型建立

第二章 研究方法与研究依据

第一节 基本概念

一、土地调查相关概念

(一)土地调查

土地调查是以了解土地的实际情况为目的而进行的各种考察活动的总称。其包括以下几方面。

1. 土地测量

土地测量是对土地及其附着物的界限、位置、面积、高程和分布的测量与制图工作。

2. 土地资源调查

土地资源调查为认识土地资源的各种属性和形成规律,掌握其数量、质量、空间分布格局和利用状况而进行的土地调查。

3. 地籍调查

地籍调查是以清查每宗土地的位置、界限、面积、权属、用途和等级为目的的土地调查,包括土地权属调查和地籍测量。

4. 土地监测

土地监测也叫土地动态监测,指定期对土地的各种属性进行连续调查,以获取其动态变化信息的土地调查。

(二)第二次土地调查

为掌握准确、翔实的土地基础数据,为制定国民经济与社会发展战略决策、保障国民经济持续、协调发展提供土地基础资料,按照《国务院关于开展第二次全国土地调查的通知》(国发〔2006〕38号)和《黑龙江省人民政府转发〈国务院关于开展第二次全国土地调查的通知〉的通知》(黑政发〔2007〕33号)、《第二次全国土地调查技术规程》等要求,黑龙江省于2007年7月1日开始第二次土地调查工作;到2009年底,完成了农村土地调查任务;到2011年9月,随着城镇土地调查任务的完成,全省第二次土地调查任务全面完成。

第二次土地调查是计算机技术、网络通信技术、RS、GIS、GPS等先进科技的综合试验场,是土地调查技术手段的一次质的飞跃。第二次土地调查采用了卫星遥感数据获取技术、卫星遥感影像处理技术、数字航空摄影测量技术和数字航空影像处理技术来获取、处理、制作土地调查基础图件,采用GPS、CORS、全站仪等技术开展地籍控制网建设和地籍测量,采用CAD、ArcGIS等技术开展图件编绘,采用Access、SQL Sever、Oracle等数据库技术开展土地调查数据的管理,采用高性能微机、图形工作站、高性能服务器、小型机等先进的硬件设备作为内业处理和数据管理工具。可以说,从土地调查数据的获取、存储,到管理、分析、成图、统计汇总等都实现了信息化、网络化和自动化。

(三)土地变更调查

为准确掌握每年度全国土地利用实际变化情况,保持土地调查数据的现势性,充分发挥土地管理参与国民经济的宏观调控作用,实施最严格的耕地保护和节约用地等土地管理制度,按照《土地管理法》《土地调查条例》的规定,每年度部署开展全国土地变更调查与遥感监测工作。

以上一年度土地变更调查的结果为基础,通过开展年度土地变更调查与遥感监测工作,全面汇总形成全国(除港、澳、台地区)31个省(自治区、直辖市)年度土地利用变化情况,及时更新土地调查数据库,保持全国土地调查数据的现势性,扩大土地变更调查成果应用范围,实现国土资源"以图管地"的精确调查与有效监管,满足国土资源"一张图"建设和"批、供、用、补、查"日常监管的需要,为国土资源管理及经济社会发展提供基础资料。

重点包括以下几方面内容。

1. 遥感监测

由国土资源部统一采购覆盖全国的最新遥感影像数据,以县(市、区)为单位,加工制作年度土地利用遥感正射影像图;与上一年度遥感影像底图和土地变更调查成果叠加,监测新增建设用地情况,形成年度遥感监测成果,分发各地辅助开展年度土地变更调查。

2. 土地变更调查

年度土地变更调查包括土地利用变化情况和用地管理信息两个方面的调查工作。年度土地变更调查应以县(市、区)为单位,以日常变更为基础,结合年度新增建设用地遥感监测成果,调查年度各类土地利用的实际变化情况,实地核实监测图斑变化情况;结合本年度建设用地审批、土地整理复垦开发、农业结构调整、国土综合整治以及执法监察等国土资源日常管理工作情况,收集掌握各类用地管理信息。按照土地变更调查的有关要求,以每年12月31日为统一时点,实地调查并填写《土地变更调查记录表》《遥感监测图斑信息核实记录表》,整理汇总形成年度土地变更调查结果数据。

3. 土地变更调查成果核查

由国土资源部统一组织,依据遥感影像及监测成果,对各地报送的县级土地变更调查结果开展内业核查。对年度新增建设用地进行逐图斑的全面核查,对非建设用地变化流量、流向不合理的开展重点审查与核查,对基本农田信息进行政策性复核。同时,借助国土资源综合监管平台,对变更结果中的用地管理信息标注情况进行逐项分析与核查。对内业核查中发现的问题,有针对性地进行外业核查。对内、外业核查中发现的重大问题,确定重点地区、重点地类,开展实地重点抽查核实。

4. 数据库质量检查与更新

以县(市、区)为单位,运用土地调查数据库管理软件的变更功能,按照数据库更新的国家有关标准和要求,对土地调查数据库中已经发生变化的地类、范围、属性等进行逐地块变更,更新调查数据库,生成土地变更调查增量数据,以及县级更新调查数据库。按照数据库质量控制的标准和要求,对分县土地调查数据库进行全面质量检查。经成果核查和质量检查通过后,依次逐级更新各级土地调查数据库。

5. 数据汇总、统计与分析

以县(市、区)为单位,按照土地变更调查数据汇总的要求,运用土地调查数据库汇总功能,逐级汇总年度内每块土地的利用变化情况,形成年度各类土地利用变化汇总结果。将县级土地变更调查数据成果,按照地(市)级、省级依次统计、汇总的方式,逐级上报,形成年度各级土地利用变化汇总结果。

各地结合本地区的年度土地管理各项工作情况,开展年度土地利用变化数据分析,编写土地利用变化情况分析报告。国家在各地汇总结果分析的基础上,结合全国国土资源管理状况,国民经济与社会发展形势,组织开展全国土地利用变化数据分析工作,编写全国土地利用变化情况分析报告。

(四)农村土地调查

农村土地调查是指对城市、建制镇以外的土地进行调查。农村土地调查是采取小比例尺(1∶10 000为主)对土地的地类、位置、面积、分布等自然属性和土地权属等社会属性及其变化情况,以及基本农田状况进行的调查、监测、统计、分析的活动。农村土地调查包括土地初始调查(土地现状调查)、土地变更调查和土地专项调查,目的是全面查清土地利用状况,掌握真实的土地基础数据,并对调查成果实行信息化、网络化管理,建立和完善土地调查、统计制度和登记制度,实现土地资源信息的社会化服务,满足经济社会发展、土地宏观调控及国土资源管理的需要。

1. 农村土地利用现状调查

以1∶10 000比例尺为主,以县(市、区)为基本单位,按照统一的土地调查技术标准,以正射影像图为基础,实地调查城镇以外的每块土地的地类、位置、范围、面积、分布等利用状况,查清全国耕地、园地、草地、林地、农村居民点等各类土地的分布和利用现状。

2.农村土地权属调查

农村土地权属调查主要是查清农村集体土地所有权和公路、铁路、河流以及农、林、牧、渔场(含部队、劳改农场等使用的土地)等国有土地的使用权状况。

(五)基本农田调查

由各地组织,依据本地区的土地利用总体规划,按照基本农田保护区(块)划定资料,将基本农田保护地块(区块)落实至土地利用现状图上,统计汇总出各级行政区域内基本农田的分布、面积、地类等状况,并登记上证、造册。

(六)土地现状调查

土地现状调查是指以一定行政区域或自然区域(或流域)为单位,查清区内各种土地利用类型面积、分布和利用状况,并自下而上、逐级汇总为省级、全国的土地总面积及土地利用分类面积而进行的调查。土地利用现状是自然客观条件和人类社会经济活动综合作用的结果。它的形成与演变过程在受到地理自然因素制约的同时,也越来越多地受到人类改造利用行为的影响。不同的社会经济环境和不同的社会需求以及不同的生产科技管理水平,不断改变并形成新的土地利用现状。

二、取费标准相关概念

(一)人员费

人员费指直接从事土地调查工作人员的工资性费用,包括基本工资、社会保险费、奖金、绩效工资等。

(二)办公费

办公费指购置土地调查项目所需要的按财务会计制度规定不符合固定资产确认标准的日常办公用品、书报杂志等的支出。

(三)印刷费

印刷费为土地调查项目所需要的印刷费用。

(四)水电费

水电费为土地调查项目的水、电所支付的费用,用电价格由基本电价、电能损耗摊销费组成,用水价格由基本水价供水损耗组成。

（五）邮电费

邮电费为项目所需要信函、货物邮寄、电话、传真费、网络通信所支付的费用。

（六）交通费

交通费指用于项目日常的交通费用,包括乘出租车费、公交车费、车辆加油费。

（七）差旅费

差旅费指项目实施过程的人员出差、住宿、交通、伙食、杂费等支出费用。

（八）会议费

会议费指项目实施过程中组织召开与项目有关的专题、学术会议所发生的房租、伙食、会场租赁、文件资料印刷等费用。

（九）培训费

培训费指为项目开展所组织的人员培训过程中发生的会场租赁、材料印刷、伙食、房租、交通等费用。

（十）专用材料和专用燃料费

专用材料和专用燃料费指直接用于项目的原材料、低值易耗品等,以及项目实施过程中涉及的专用设备所需的燃料及动力所支出的费用。

（十一）咨询劳务费

咨询劳务费指用于项目咨询、论证与人员聘用、雇佣所发生的费用。

（十二）设备购置费

设备购置费为项目购买的办公设备及项目专门用途、并按财务会计制度规定纳入固定资产核算范围的各类专用设备的支出。

（十三）委托业务费

委托业务费为反映因委托外单位办理业务而支付的委托业务费。

（十四）维修（护）费

维修（护）费指用于项目设备与设施的维修、维护费用。

（十五）其他

其他指与项目相关的其他费用,如取暖费、物业管理费、租赁费、出国（境）费用、房屋建筑费、应交税费、不可预见费（包括在土地调查项目实施过程中因自然灾害、设计变更及不可预见因素的变化而增加的费用）及其他未有明细科目列支，但已支出的其他各项费用。还包括成果核查验收费，成果核查的目的是保证项目数据的真实性和准确性，避免由于地方局部利益而对调查结果加入人为因素的干扰，造成数据失真。所以，应聘请专业人员对项目成果逐地块进行全面的内业检查和对重点地区、重点地类的外业核查，以保证项目数据的真实性，并在核查的基础上进行预检验收。

1. 相关税率

国家税法规定的应计入营业税、城乡维护建设税和教育费附加等税收科目的税费。

(1)营业税：按不含税营业收入乘以营业税税率确定。计算公式为：营业税＝不含税营业收入×3%。

(2)城市维护建设税：城市维护建设税原名"城乡维护建设税"，按应纳营业税额乘以适用税率确定。计算公式为：城乡维护建设税＝应纳营业税额×适用税率。

城乡维护建设税的纳税人所在地为市区的，其适用税率为营业税的7%；所在地为县镇的，其适用税率为营业税的5%；所在地为农村的，其适用税率为营业税的1%。

(3)教育费附加：按应纳营业税额乘以3%确定，计算公式为：教育费附加＝应纳营业税额×5%（含地方教育费附加2%）。

(4)企业所得税：25%。

(5)代扣代缴的个人所得税：2.25%。

2. 简易综合计价税率

简易综合计价税率：8.22%。

三、数学模型建立相关概念

1. 莱以达(Pauta)准则

当一组测量数据中某个测量值的残余误差的绝对值$|v_i|>3\sigma$时，则该测量值为可

疑值(坏值),应剔除。其中,σ为标准误差。

2. 肖维勒(Chauvenet)准则

以正态分布为前提,假设多次重复测量所得 n 个测量值中,某个测量值的残余误差$|v_i|>Z_c \cdot \sigma$,则剔除此数据。其中,Z_c是一个与测量次数相关的系数,可查表获取。

3. 格拉布斯(Grubbs)准则

以正态分布为前提,某个测量值的残余误差的绝对值$|v_i|>G \cdot \sigma$(G值与重复测量次数 n 和置信概率 Pa 有关),则判断此值中含有粗差,应予以剔除。

4. 狄克逊(Dixon)准则

通过极差比判定和剔除异常数据。与一般比较简单极差的方法不同,该准则为了提高判断效率,对不同的实验量测定数应用不同的极差比进行计算。该准则认为异常数据应该是最大数据和最小数据,因此基本方法是将数据按大小排列,检验最大数据和最小数据是否为异常数据。

5. F 检验准则

主要通过比较两组数据的方差 S^2,以确定他们的精密度是否有显著性差异。

第二节 研究方法

一、土地调查困难影响相关研究方法

(一)多因素综合判定法

通过对影响土地调查内容困难度的区域概况、技术手段、经济环境以及工作要求等因素的综合分析,确定困难类别判定因素体系及其影响权重,计算单元因素总分值,以此为依据客观划定土地调查困难类别。

(二)实证分析法

以第二次土地调查、年度变更调查取费实例为前提,综合分析困难度判定因素对取费的影响程度,确定困难类别。

二、权重确定方法

确定权重的方法有多种,如专家咨询调查法(Delphi,也称"专家评分法")、主成分分析法(Principle Component Analysis,简称 PCA)、层次分析法等。本研究采用定性与定量相结合的方法确定权重,采用专家咨询调查法结合主成分分析法,确定各指标权重。

(一)专家评分法

这是一种向专家征求意见的调研方法。评价者用发放调查表的方式,列出众多指标,征求若干专家对评价者选择的评价指标的意向,然后进行统计处理,并反馈咨询结果,经几轮咨询,专家意见相对接近时,指标体系也就确定。

1. 专家评分法的程序

(1)选择专家;

(2)确定影响因素,设计价值分析对象征询意见表;

(3)向专家提供背景资料,以匿名方式征询专家意见;

(4)对专家意见进行分析汇总,将统计结果反馈给专家;

(5)专家根据反馈结果修正自己的意见;

(6)经过多轮匿名征询和意见反馈,形成最终分析结论。

2. 专家评分法的计算方法

本研究采取多种方法进行专家打分,最终获得各困难影响因素权重值。

(1)加法评价法

将评价各指标项目所得的分值加法求和,按总分来表示评价结果。

公式为:

$$W = \sum_{i=1}^{n} W_i$$

其中：

W——评价对象总分值；

W_i——第i项指标得分值；

n——指标项数。

(2) 连积评价法

将各个项目的分值连乘，并按其乘积大小来表现业绩结果。这种方法灵敏度很高，被评价对象各指标间的关系特别密切，其中一项的分数连带影响到其他各项的总结果，即具有某项指标不合格，就对整体起否定作用的特点。

公式为：

$$W = \prod_{i=1}^{n} W_i$$

其中：

W——评价对象总分值；

W_i——i项目得分值；

n——指标项数。

(3) 和数相乘评价法

将评价对象的评价指标分成若干组，先计算出各组评分值之和，然后再将各组评分值连乘，所得即是总的评分。

公式为：

$$W = \prod_{j=1}^{m} \sum_{i=1}^{n} W_{ij}$$

其中：

W_{ij}——评价对象中第i组第j个指标值；

W_i——i项目得分值；

m——评价对象的组数；

n——i组中含有的指标项数。

(4)加权评价法

将评价对象中的各项指标项目依照评价指标的重要程度,给予不同的权重,即对各因素的重要程度做区别对待。

公式为:

$$W = \sum_{i=1}^{n} A_i W_i$$

其中:

W——评价对象总得分;

W_i——评价对象的 i 指标项得分;

A_i——i 指标项的权值。

且:

$$\sum_{i=1}^{n} A_i = 1, 0 < A_i \leqslant 1$$

(5)功效系数法

这是化多目标为单目标的方法,由评价者对不同的评价指标分别给予不同的功效系数 d_j,则总功效系数 d 为:

$$d = \sqrt[j]{d_1 d_2 d_3 \cdots d_j}$$

其中:

$d_j = 1$ 表示第 j 个目标效果最好;

$d_j = 0$ 表示第 j 个目标效果最差;

$0 \leqslant d_j \leqslant 0.3$ 是不可接受的范围;

$0.3 < d_j \leqslant 0.4$ 是边缘范围;

$0.4 < d_j \leqslant 0.7$ 是次优范围;

$0.7 < d_j \leqslant 1$ 是最优范围。

(二)主成分分析法

主成分分析法是一种常用的统计方法。它是通过线性变换和指标重组,将多指标问题化为少数几个彼此之间互不相关且可以承载足够多信息的综合指标,从而剔除重复意义的指标,以得到独立性较强的指标。这种方法可以在数据信息损失最小的前提下,获取新的综合变量,取代原始的多维变量。

三、取费标准确定方法

（一）基础取费标准的确定

基础取费标准的确定常用的有四种方法:经验估计法、统计分析法、类推比较法、数值测定法。

黑龙江省农村土地调查项目取费标准的编制过程与方法,是以数值测定法和统计分析法为主,以经验估计法和类推比较法为辅的综合方法。具体地说是以经验估计法和类推比较法进行取费资料的现场数据搜集,用统计分析法进行数据筛选整理分析,用数值测定法对实测值进行验算,从而确定土地调查取费标准。

1. 经验估计法

经验估计法是根据工人、施工技术人员(专家)、取费标准制定人员的实践经验,并参考有关的技术资料,通过座谈讨论,对完成某项工作所需消耗的人工(工日)、物力(材料)、其他费用等数据进行分析,估计并最终制定出定额标准的方法。这种方法具有工作过程短、工作量较小、简便易行的特点,但其准确度在很大程度上取决于参加估计人员的经验,该方法具有一定的局限性。

2. 统计分析法

统计分析法以历史资料及其数据为依据进行统计分析,所选的统计资料应尽可能满足以下要求:土地调查项目组在先进合理的施工技术和组织下工作;项目组只限于完成必要的工作;统计资料的条件不能与完成必要工作的条件相差太远。

这种方法简便易行,比经验估计法有更多的统计资料做依据,更能反映实际情况。但这种方法往往存在一些偶然因素,从而影响取费标准的准确性。

为使确定的取费标准符合平均先进水平的原则,还可采用二次平均法。其步骤如下。

(1)删除统计资料中明显不合理的数据。

(2)计算算术平均值。计算公式为:

$$\bar{t} = \frac{t_1 + t_2 + \cdots + t_n}{n}$$

其中：

n——统计资料数据个数；

t_n——数据值。

(3)采用二次平均法计算平均先进值,以此值作为取费标准,就是平均先进取费标准。

$$\bar{t_0} = \frac{\bar{t} + \bar{t_n}}{2}$$

其中：

$\bar{t_0}$——二次平均后的平均先进值；

$\bar{t}$——全数平均值；

$\bar{t_n}$——小于全数平均值的各个数值的平均值。

统计分析的结果一般偏于先进,这时可采用概率测算,以期望有多少比例的工人可能达到或超过取费标准,作为确定取费标准水平的依据。仍以统计资料为基础,其步骤如下：剔除资料中明显偏离的数据,计算平均数；计算数组的样本修正方差 S^2；运用正态分布确定定额水平。样本修正方差公式为：

$$S^2 = \frac{1}{n-1} \sum_{i=1}^{n} (t_i - \bar{t})^2$$

其中：

S^2——方差；

t_i——数据值；

$\bar{t}$——数据平均值。

当样本容量很大时,可用替换法简化计算。

3. 类推比较法

它是以某种典型土地调查项目取费标准为依据进行对比分析,推算出另一地区相关工作项目的取费标准。这种方法容易保持同类有可比性取费标准的取费水平的平衡,但是由于土地调查工作因地形地貌、交通状况不同和其他因素的复杂性,使用范围受到一定的局限。但是只要典型取费标准制定恰当,对比分析细致,其准确度较经验估计法高。

4.数值测定法

它是根据先进合理的技术文件、组织条件、对土地调查过程各工序工作内容的各个组成部分进行工作比例项写实,分别测定每一工序的各项费用消耗,然后通过测定的资料进行分析计算来制定取费标准的方法。这是一种典型测查的工作方法,通过测定获得制定取费标准的工作时间消耗的全部费用,有比较充分的依据,其准确程度较高,是一种比较科学的方法。

黑龙江省农村土地调查项目取费标准值的确定主要以统计分析法及数值测定法取得。

(二)项目取费标准的制定方法

1.工时取费标准

工时取费标准是指为生产单位合格产品或完成一定工作任务的劳动时间消耗的限额。

2.人工取费标准

总人工费＝工程量×人工费;

人工费＝劳动量(工日)×人工预算单价(元/工日)。

(三)取费模式

采用基准价格法计算。

基准价不是具体的收费标准。具体的土地利用现状(变更)调查取费以全省县级行政辖区对应的困难级别预算定额标准值为基础,根据调查面积和物价上涨指数、政策、技术以及其他不可确定的因子等,通过系统修正进行综合分析而确定。

土地利用现状(变更)调查取费额度＝基准价×调查面积×动态调整系数×(1+附加浮动幅度)。

基准价:在黑龙江省范围内,通过财务分析、专业分析、实证研究和补充调查,剥离取费影响因素的随机影响,测算确定的不同困难级别的县级行政辖区所对应的取费水平。

动态调整系数：工资、物价变动对土地利用现状（变更）调查取费影响的调整系数，可采用物价指数确定。

附加浮动幅度：对由于政策、技术、实际编制工作或不可抗力等不确定性因素导致的土地利用现状（变更）调查工作量进行调整的系数。

第三节 研究依据

一、土地调查业务标准化研究依据

1.《第二次全国土地调查技术规程》（TD/T 1014—2007）

2.《全国土地变更调查工作规则（试行）》

3.《第二次全国土地调查底图生产技术规定》

4.《第二次全国土地调查培训教材》

5.《第二次全国土地调查数据库建设技术规范》（国土资源部 2007 年）

6.《第二次全国土地调查实施方案》（国土资源部 2007 年 7 月）

7.《土地利用数据库标准》（TD/T 1016—2007）

8.《第二次全国土地调查基本农田上图技术规定》

9.《第二次全国土地调查成果检查验收办法》

10.《确定土地所有权和使用权的若干规定》（国家土地管理局 1995 年）

11.《土地权属争议调查处理办法》（国土资源部 2002 年）

12.《黑龙江省第二次土地调查实施方案》

13.《黑龙江省第二次土地调查农村部分技术补充规定》（黑龙江省国土资源厅）

14.《黑龙江省农村土地权属调查实施方案》（黑龙江省第二次土地调查领导小组办公室 2008 年 6 月）

15.历年国土资源部关于开展土地变更调查工作的通知

16. 历年土地变更调查实施方案

17. 其他相关的标准、规定等

二、样点区跟踪监测技术依据

1. 《土地利用现状分类》(GB/T 21010—2007)

2. 2013 年政府收支分类科目中的支出经济分类科目

3. 《土地开发整理项目预算定额标准》(国土资源部 2012 年 3 月修订)

4. 土地调查业务标准化研究依据

5. 其他相关的标准、规定等

三、农村土地调查经费投入影响因素研究依据

1. 《国务院关于开展第二次全国土地调查的通知》(国发〔2006〕38 号)

2. 《第二次全国土地调查总体方案》(国土资源部 2007 年)

3. 《土地利用现状分类》(GB/T 21010—2007)

4. 《中华人民共和国行政区划代码》

5. 《黑龙江省人民政府转发〈国务院关于开展第二次全国土地调查的通知〉的通知》(黑政发〔2007〕33 号)

6. 《土地调查条例》(国务院令第 518 号)

7. 《国土资源调查专项资金管理暂行办法》(财建〔2004〕192 号)

8. 《黑龙江省省级部门预算管理暂行办法》

9. 土地调查业务标准化研究相关依据

10. 其他相关的标准、规定等

四、农村土地调查经费测算数学模型建立依据

1. 莱以达(Pauta)准则

2. 肖维勒(Chauvenet)准则

3. 格拉布斯(Grubbs)准则

4. 狄克逊(Dixon)准则

5. F 检验准则

五、农村土地调查项目取费标准编制依据

1.《2012 年省级部门预算编制手册》(黑龙江省财政厅 2011 年 8 月)

2.《测绘生产成本费用定额》

3.《测绘生产成本费用定额计算细则》

4.《国土资源部项目支出预算管理办法》

5. 2013 年政府收支分类科目中的支出经济分类科目

6. 农村土地调查经费投入影响因素研究相关依据

7. 其他相关的标准、规定等

第四节　技术流程

一、总体技术路线与技术流程

总体技术路线与技术流程主要包含前期准备、资料收集和样点调查、分析研究及成果制作五个阶段。总体技术路线如图 1 所示。

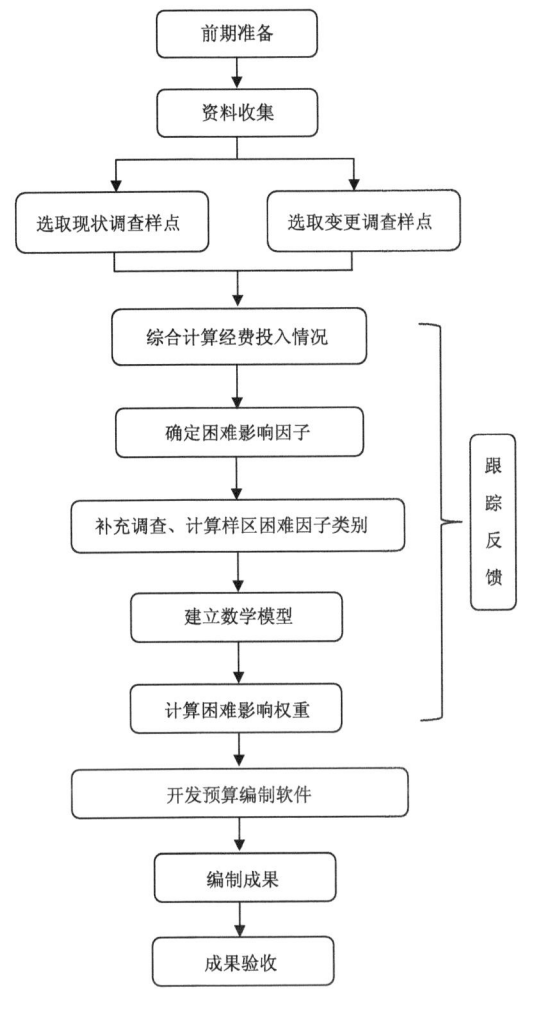

图 1　总体技术路线

二、农村土地调查业务标准化研究技术流程

在资料收集的基础上，根据《第二次全国土地调查技术规程》《全国土地变更调查工作规则（试行）》等，深入研究黑龙江省农村土地利用现状调查和变更调查的具体工作流程，详细区分得出农村土地利用现状调查和变更调查的工作内容、工作项。技术流程如图 2 所示。

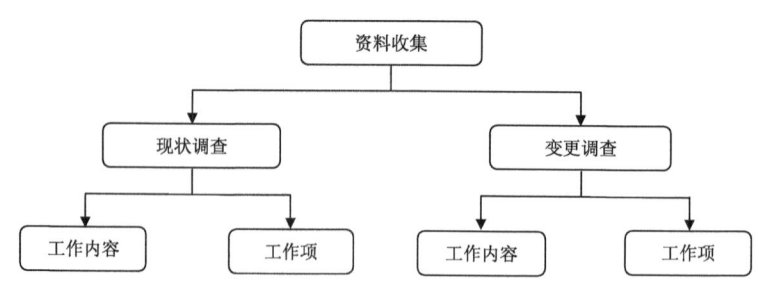

图 2　业务标准化技术流程

三、样点区跟踪监测技术流程

选择适合的样区,通过对其二次调查、变更调查经费的汇总、分析、筛选,确定现状调查、变更调查基础取费标准数值。技术流程如图 3 所示。

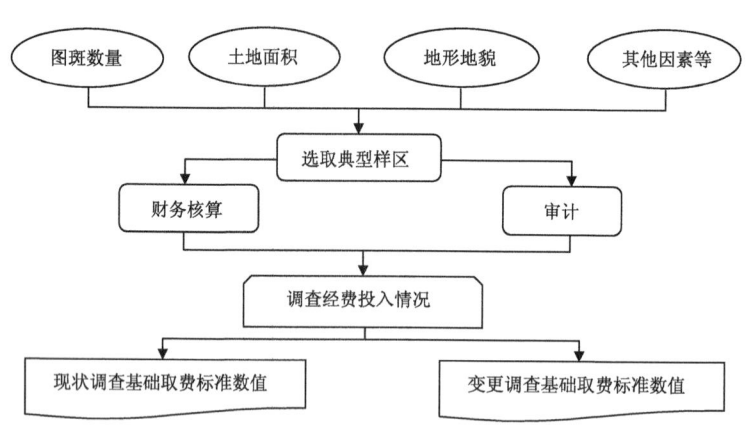

图 3　样点区跟踪监测技术流程

四、农村土地调查经费投入影响因素研究技术流程

采用抽样分析与具体分析相结合、定量分析与定性分析相结合的方法,按照收集相关基础资料,选取土地利用现状调查、变更调查困难影响因素,应用专家评分、连乘积、层次分析等方法确定各影响因素的权重,补充调查、分类困难影响因素,建立数学模型,计算综合分值,进行分析研究,具体工作流程如图 4 所示。

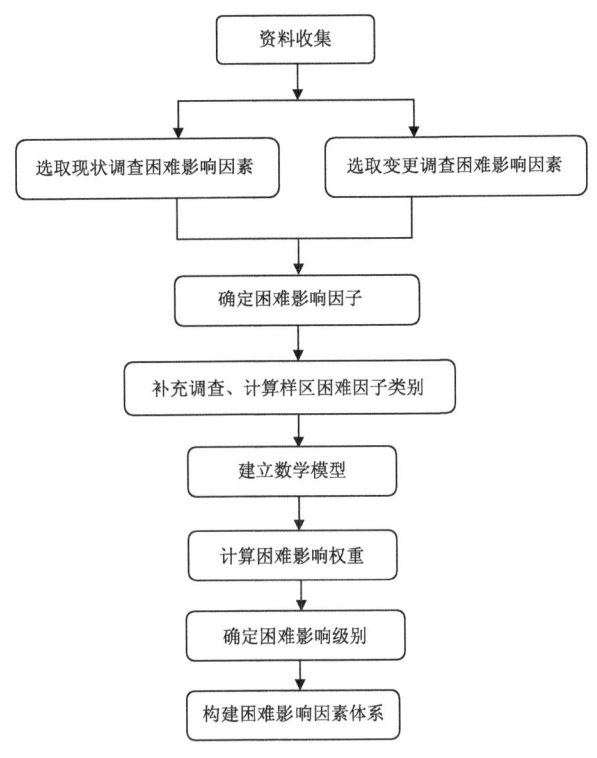

图 4　农村土地调查经费投入影响因素研究技术流程

五、农村土地调查经费测算数学模型建立流程

在样点区跟踪监测和土地调查经费投入影响因素研究的基础上，分析土地调查困难影响因子，形成影响因子权重，分别建立取费标准数值确定和全省困难影响因素标准化的数学模型。具体工作流程如图 5 所示。

图 5　农村土地调查经费测算数学模型建立技术流程

六、农村土地调查项目取费标准编制流程

在土地调查业务标准化研究、样点区跟踪监测、农村土地调查经费投入影响因素

研究、数学模型建立的基础上,对基础取费标准值进行打分,确定困难级别预算费用系数,进而得出黑龙江省土地现状调查及变更调查综合预算标准。具体工作流程如图 6 所示。

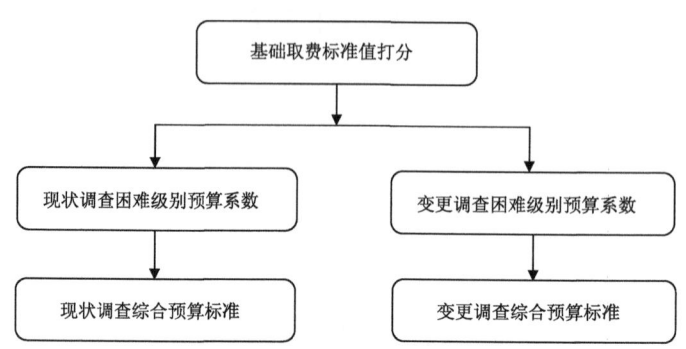

图 6　农村土地调查项目取费标准编制流程

第三章 研究情况及主要成果

第一节 土地调查业务标准化研究

根据《第二次全国土地调查技术规程》《全国土地变更调查工作规则(试行)》等相关文件,具体细化工作内容、工作项。

一、土地调查工作内容细分

(一)现状调查工作内容

现状调查工作内容如表1所示。

表1 现状调查工作内容

序号	工作内容	序号	工作内容
1	收集资料	8	准备仪器设备
2	制订工作方案	9	制作调查工作底图
3	制订技术方案	10	调查权属
4	购买数据	11	调查基本农田
5	培训人员	12	调查线状地物
6	开展试点	13	调查图斑
7	准备调查资料	14	调查零星地物

续表

序号	工作内容	序号	工作内容
15	补测地物	30	修改地类
16	制作坡度图	31	修改数据
17	测算田坎系数	32	检查修改地类
18	计算田坎影响面积	33	检查修改数据
19	标绘调查底图	34	确认计算面积
20	填写手簿	35	确认统计与汇总数据
21	整理调查数据	36	录入确认数据
22	检查调查数据	37	编绘图件
23	录入调查数据	38	检查提交各项成果
24	接边	39	编写工作报告
25	计算面积	40	编写技术报告
26	统计与汇总数据	41	编写专题报告
27	核查地类	42	编写调查成果检查报告
28	检查数据库	43	预检
29	编写意见	44	验收

（二）变更调查工作内容

变更调查工作内容如表 2 所示。

表 2 变更调查工作内容

序号	工作内容	序号	工作内容
1	收集资料	8	准备仪器设备
2	制订工作方案	9	制作调查工作底图
3	制订技术方案	10	提取遥感监测图斑
4	购买数据	11	调查境界
5	培训人员	12	调查权属
6	开展试点	13	调查线状地物
7	准备调查资料	14	调查图斑

续表

续表

序号	工作内容	序号	工作内容
15	调查遥感监测图斑	34	编写意见
16	调查零星地物	35	修改地类
17	调查新增可调整地类	36	修改流量
18	调查新增耕地田坎	37	修改数据
19	调查可视为补充耕地的园地	38	核查修改地类
20	调查基本农田	39	核查修改流量
21	调查本年批准本年建设	40	集中对接
22	调查本年批准未建设	41	确认计算面积
23	调查本年未批先建	42	确认统计与汇总数据
24	整理调查数据	43	录入确认数据
25	检查调查数据	44	编绘图件
26	录入调查数据	45	检查提交各项成果
27	接边	46	编写工作报告
28	计算面积	47	编写技术报告
29	统计与汇总数据	48	编写专题报告
30	输出更新数据包	49	编写调查成果检查报告
31	核查地类	50	预检
32	核查流量	51	验收
33	检查数据库质量		

二、土地调查工作项划分

土地利用现状调查、土地变更调查的工作项是一致的。具体如表3所示。

表 3　土地调查工作项

序号	工作内容	序号	工作内容
1	资料收集	12	内业计算
2	方案制订	13	外业核查
3	数据购买	14	修改
4	人员培训	15	修改数据检查
5	试点开展	16	数据确认
6	工作准备	17	确认数据录入
7	底图制作	18	图件编绘
8	外业调查	19	成果检查
9	调查数据整理	20	报告编写
10	调查数据检查	21	成果验收
11	调查数据录入		

三、工作内容与工作项之间的关系

现状调查工作项与工作内容的关系如表 4 所示。

表 4　现状调查工作项与工作内容的关系

序号	工作项	工作内容	备注
1	资料收集	收集资料	
2	方案制订	制订工作方案、制订技术方案	
3	数据购买	购买数据	
4	人员培训	培训人员	
5	试点开展	开展试点	
6	工作准备	准备调查资料、准备仪器设备	
7	底图制作	制作调查工作底图	

续表

序号	工作项	工作内容	备注
8	外业调查	调查权属、调查基本农田、调查线状地物、调查图斑、调查零星地物、补测地物、制作坡度图、测算田坎系数、计算田坎影响面积、标绘调查底图、填写手簿	
9	调查数据整理	整理调查数据	
10	调查数据检查	检查调查数据	
11	调查数据录入	录入调查数据	
12	内业计算	接边、计算面积、统计与汇总数据	
13	外业核查	核查地类、检查数据库、编写意见	
14	修改	修改地类、修改数据	
15	修改数据检查	检查修改地类、检查修改数据	
16	数据确认	确认计算面积、确认统计与汇总数据	
17	确认数据录入	录入确认数据	
18	图件编绘	编绘图件	
19	成果检查	检查提交各项成果	
20	报告编写	编写工作报告、编写技术报告、编写专题报告、编写调查成果检查报告	
21	成果验收	预检、验收	

变更调查工作项与工作内容的关系如表5所示。

表5 变更调查工作项与工作内容的关系

序号	工作项	工作内容	备注
1	资料收集	收集资料	
2	方案制订	制订工作方案、制订技术方案	
3	数据购买	购买数据	
4	人员培训	培训人员	
5	试点开展	开展试点	
6	工作准备	准备调查资料、准备仪器设备	
7	底图制作	制作调查工作底图、提取遥感监测图斑	

续表

序号	工作项	工作内容	备注
8	外业调查	调查境界、调查权属、调查线状地物、调查图斑、调查遥感监测图斑、调查零星地物、调查新增可调整地类、调查新增耕地田坎、调查可视为补充耕地的园地、调查基本农田、调查本年批准本年建设、调查本年批准未建设、调查本年未批先建	
9	调查数据整理	整理调查数据	
10	调查数据检查	检查调查数据	
11	调查数据录入	录入调查数据	
12	内业计算	接边、计算面积、统计与汇总数据、输出更新数据包	
13	外业核查	核查地类、核查流量、检查数据库质量、编写意见	
14	修改	修改地类、修改流量、修改数据	
15	修改数据检查	核查修改地类、核查修改流量、集中对接	
16	数据确认	确认计算面积、确认统计与汇总数据	
17	确认数据录入	录入确认数据	
18	图件编绘	编绘图件	
19	成果检查	检查提交各项成果	
20	报告编写	编写工作报告、编写技术报告、编写专题报告、编写调查成果检查报告	
21	成果验收	预检、验收	

第二节 样点区跟踪监测

基础样点选取原则上按照土地调查难易程度划分，兼顾市（地）级行政区划，并且考虑黑龙江省的 GDP 指数、各区域行业经济数据、人口数据、经济发达程度等其他影响因素。

本课题组承担的是土地利用调查工程项目（资料收集、方案制定、外业调查、底图整理等工作项）的工作，结合黑龙江省土地调查工作的实际工作内容及特点，选定样区并且分析数据。

着重对土地利用调查取费标准的编制方法进行研究,研究思路是:深入研究土地利用调查具体工作内容、工作方法、工作标准和工作流程,细化工作内容和工作项,根据已完成的调查工程项目,将已发生的经费投入情况进行细化研究,并将与财务管理科目相结合的经费投入情况进行剖析,在此基础上进行分析整理,取得样点区基础取费标准。

一、确定样点区

在充分考虑二次调查实际经费投入值、经济发展程度、地貌特征、行政辖区面积、图斑数量等因素的基础上,确定哈尔滨市道里区、延寿县,虎林市,鸡西市鸡冠区,齐齐哈尔市富拉尔基区、克山县为现状调查跟踪监测区。

(一)样点区基本情况

1. 道里区

(1)地理位置

道里区是哈尔滨市的中心区,地处北纬 45°32′～45°47′,东经 126°8′～126°38′,海拔高度 112～179 米。东以滨洲铁路线与道外区分界,西与双城区为邻,南与南岗区接壤,北与肇东市、道外区相连。中心区面积 22.6 平方千米。

(2)地形地貌

道里区属松嫩平原的一部分,呈南高北低的地势,自然形成了松花江两岸的泛滥土区,江河堤多为黑土、草甸土区,平原多为黑土、黑钙土区和漫岗黑土区。

(3)经济概况

2010 年,道里区国内生产总值达到 344 亿元人民币,年增长率 15.2%,农业方面有较大发展,哈尔滨市 25% 的蔬菜均由道里区产出。道里区还拥有集食品、药品、饮品、制造业、矿产业为一体的工业体系,其工业规模为哈尔滨市市辖区之首。根据道里区政府的规划,道里区内共有五大商业圈,分别为爱建商圈、顾乡商圈、兆麟商圈、中央大街商圈和群力商圈。其中中央大街商圈为哈尔滨市传统商业区,该商业区以中央大街为中心,包括中国银行黑龙江总行、中国移动黑龙江总行等大型企业均在中央大街商圈附近设立总部。爱建商圈则是以哈尔滨市小区群"爱建小区"为中心建成的商业区,其中以上海路、友谊路最为著名,香格里拉酒店、报业大厦、交银大厦、龙安大厦均矗立在此商业圈。

(4)交通概况

道里区是哈尔滨市的重要交通枢纽,太平国际机场坐落在该区;机场高速路、老机场路、哈双北路、江南中环路、二环路、三环路、四环路、公路大桥、四方台大桥等交通干道使道里区四通八达,随着西客站北广场建成,道里区将成为高铁旅客的交通集散地;有码头7处,渡口1处,下可至吉林,上可达俄罗斯。

2. 延寿县

(1)地理位置

延寿县位于黑龙江省东南部,隶属于哈尔滨市,位于东经127°54′～129°4′,北纬45°10′～45°45′。地处张广才岭西、松花江右岸,玛延河中下游。南、东南、西南与尚志市为邻,北和东北与方正县接壤,西北与宾县毗连。

(2)地形地貌

延寿县地处张广才岭西麓,其支脉蜿蜒本县东、南、西部,地形呈三面环山,地势北低、东南高,海拔高度在110～1 000米,最高峰为套环山,海拔1 007米。北部为蚂蚁河河谷平原,土地肥沃,是主要农业区。

(3)经济概况

2010年,全县工业总产值和增加值分别实现44.6亿元和8.0亿元,分别是"十五"期末的3倍和2.7倍,年均分别增长25%和21.7%;规模以上工业总产值和增加值分别实现11.4亿元和3.46亿元,分别是"十五"期末的3.8倍和3.5倍,年均分别增长30.7%和28.5%。完成38户国有企业改制,盘活国有资产6 674万元,安置职工4 900人。以建设"生态、环保、景观"园区为目标,投入资金3.6亿元,全面推进"四园两区"建设。台湾永和豆浆、香其酱业等一批域外知名企业相继落户,总数已达到35户。

(4)交通概况

县内无水路和铁路运输。2010年,贯通境内的铁通公路延尚段二级白色水泥路,南连绥满公路,301国道45千米,北接哈同高速公路50千米。

3. 虎林市

(1) 地理位置

虎林市位于黑龙江省东部,完达山南麓,乌苏里江的左岸,地处北纬 $45°23'\sim 46°36'$,东经 $132°11'\sim 133°56'$。虎林市的西北以完达山支脉的老龙背、将军岭为界与宝清县交界;东北以七里沁河为界与饶河县毗邻;西部以白龙山脊为界与密山市接壤;东以乌苏里江和松阿察河为界与俄罗斯隔水相望,虎林段的边境线长达256千米。

(2) 地形地貌

虎林市地处兴凯湖平原,是三江平原的一部分,地势西北高、东南低,平均海拔高度为60~80米。由于受新构造运动及内陆沉积的影响,地形变化较为复杂,地貌多样,形成了低山丘陵、沟谷平原、山前漫岗、平原及沿江低平原五种地貌类型。其中低山丘陵主要分布在西北部完达山脉及中部太平岭余脉的孤山残丘;沟谷平原主要分布在两山之间的狭长地带;山前漫岗为低山丘陵延伸段,分布在低山丘陵与平原过渡带;平原主要分布在七虎林河和穆棱河两岸;沿江低平原主要分布在乌苏里江、松阿察河一带以及穆棱河、七虎林河、阿布沁河等河流的下游。

(3) 经济概况

2012年生产总值实现135.38亿元,按可比价格计算,比上年增长15.1%。分产业看,第一产业增加值75.97亿元,增长14.3%;第二产业增加值25.71亿元,增长23.3%;第三产业增加值33.70亿元,增长10.7%。第一产业增加值占生产总值比重为56.1%,上升1.6个百分点;第二产业增加值比重为19.0%,与上年持平;第三产业增加值比重为24.9%,下降1.6个百分点。人均地区生产总值实现46 673元,比上年增长16.0%。2012年居民消费价格指数为105.2%,涨幅比上年下降0.3个百分点。

(4) 交通概况

截至2005年底,虎林市公路总里程为880.1千米,公路密度为9.4千米/100千米^2,在公路总里程中,高等级路面135千米。虎林市域范围有省道2条,共208千米,县道 5 条,共 112.9 千米,区域内公路网络形成以虎林镇为中心,辐射省城各地和 7 镇 5 乡 85 个行政村,实现村村通。虎林市江河通航里程 145 千米,以旅游客运为主。

4. 鸡冠区

(1)地理位置

鸡冠区位于黑龙江省东南部,鸡西市东部,地处中纬度带,位于东经 130°23′～131°5′,北纬 44°57′～45°28′。鸡冠区是鸡西市委、市政府所在地。辖区人口约 50 万。

(2)地形地貌

鸡冠区内地势平坦,以平原为主,土壤类型以暗棕土壤为主。

(3)经济概况

鸡冠区 2009 年地区生产总值完成 61 亿元,增长 14%;城镇固定资产投资完成 8 亿元,增长 48%;规模以上工业产值完成 11.47 亿元,增长 15.3%;对外贸易额完成 5 830 万美元,增长 192%;城镇居民人均可支配收入达到 12 167 元,增长 14%;农民人均纯收入达到 6 473 元,增长 9%;财政总收入完成 4.5 亿元,增长 21%,一般预算收入完成 2.2 亿元,增长 28%。

(4)交通概况

鸡冠区是鸡西地区的交通中心,是黑龙江省东南部铁路、公路、航空枢纽,5 条铁路专用线,每天有 14 列客货列车始发,高等级公路四通八达,连接全国各地。鸡冠区位于鹤大高速(鹤岗至大连)、建鸡高速(建三江至鸡西)、方虎公路(方正至虎林)的交汇点,长途客车可达北京、大连、沈阳、青岛、哈尔滨、长春、延吉、俄罗斯乌苏里斯克以及省内大庆、齐齐哈尔、牡丹江、佳木斯等地,交通条件十分便利。

5. 富拉尔基区

(1)地理位置

富拉尔基区位于东经 123°45′,北纬 47°15′,地处嫩江平原,平均海拔 146 米,区中心位于齐齐哈尔市中心城区西南 37 千米、嫩江齐齐哈尔段下游西岸。东与昂昂溪区毗邻,西与龙江县接壤,南临泰来县,北连梅里斯达斡尔族区。主城区东西长 4.5 千米,南北长 12.7 千米。

(2)地形地貌

富拉尔基区自然环境优越。城区绿树成荫,绿化覆盖面积781公顷,覆盖率27.3%(2005年),全区"三种"面积40平方千米。城区面积37平方千米。可耕地面积13.2万亩[①],草地面积11.5万亩,水域面积3.6万亩。

(3)经济概况

富拉尔基区依托于重工业企业,全区2009年全年财政收入17.19亿元,全区实现地区生产总值77.3亿元,全区工农业总产值保持较高水平,实现195.47亿元。截至2009年末,全区工业企业535家,职工人数10.1万人。其中,中央、省、市直企业9家;区属国有企业50家,集体企业53家,民营企业211家;中省直企业剥离集体企业212家。全区规模以上企业54家,其中区属企业45家,市直以上企业9家,工业产值过亿元的企业14家。富拉尔基经济开发区位于富拉尔基城区北郊,距城区中心4.5千米,东临嫩江,南接中心城区,西连富拉尔基油田,北与齐齐哈尔市梅里斯区接壤。地势平坦,坡度范围低于5°。富拉尔基经济开发区是国家发改委核准的省级开发区,也是"哈大齐"工业走廊项目区,是全国农产品加工基地、黑龙江中小企业创业基地。2009年农村经济总收入实现6.9亿元,农村居民人均纯收入达到7 200元,同比分别增长6%和15%。农林牧渔业总产值实现3.7亿元,同比增长34.99%。

(4)交通概况

富拉尔基区交通便利。号称"亚欧大陆桥"的滨洲铁路横贯东西城区,嫩江富拉尔基江段建有滨洲铁路嫩江桥(滨洲铁路于嫩江上曾建三桥,原为单线桥,现为复线桥)。富拉尔基站建于1902年,为中国铁路一等站。铁路支线覆盖区内各大中型企业。碾北公路(301国道省内段)穿城而过,西可达龙江县、碾子山区、内蒙古等地,北可达梅里斯区、齐齐哈尔。向东有汽车轮渡至嫩江东岸,由富昂公路通向昂昂溪区,远期将建设嫩江公路桥,并与碾北公路、111国道构成齐齐哈尔外环线。投资1 800余万元建设的富拉尔基公路客运站也已完工。富拉尔基港距区中心8千米,机动船上溯

---

① 1亩≈666.67平方米,下同。

可达嫩江县,下行可至哈尔滨。拥有千吨级泊位两个,年物资吞吐能力近26万吨,年水动量2.33万吨。从本区出发到齐齐哈尔大民机场仅23千米。

6. 克山县

(1) 地理位置

克山县位于小兴安岭南缘,松嫩平原腹地。隶属黑龙江省齐齐哈尔市,在齐齐哈尔东北方。地理坐标为东经125°10′~126°8′,北纬47°50′~48°33′。县境东至克东县,界长54千米;南邻拜泉县,界长34.6千米;西与依安县接壤,界长62.9千米;北隔讷谟尔河与讷河市境相望,界长128.2千米;东北同五大连池市毗邻,界长50.5千米。2008年克山县林地面积125.9万亩,草地面积17.9万亩。

(2) 地形地貌

克山县位于松嫩平原北部,地处小兴安岭南麓与松嫩平原的过渡地带,北部、中部为丘陵漫岗区,地形起伏变化大,南部是冲积平原,地势平坦。全县地势东北高西南低,分为低山丘陵、丘陵边缘岗地、漫岗平原、冲积平原、河滩地等地貌类型,丘陵漫岗地占80%,平原区占14%,洼地占6%,境内平均海拔高程236.9米,最高点381.7米,最低点198.7米。

(3) 经济概况

2008年,克山县地区生产总值约31.2亿元,一、二、三产业增加值分别约为12.5亿元、10.1亿元、8.7亿元,固定资产投资完成12.9亿元,财政总收入完成1.2亿元,城镇居民人均可支配收入达到7 822元,农村居民人均纯收入达到5 620元。

(4) 交通概况

滨北铁路和碾北、拉宝、克拜、讷五、克农公路横穿克山县境,克山县公路硬化率达到85%,全部乡镇、新农村试点村和农产品基地公路水泥硬化率达100%。

(二) 样点区土地调查基本情况

哈尔滨市道里区、延寿县,虎林市,鸡西市鸡冠区,齐齐哈尔市富拉尔基区、克山县在二次调查及变更调查中的经费投入、调查面积等基本情况如表6所示。

表 6　样点区土地调查基本情况

序号	样点区名称	面积（平方千米）	土地利用现状调查		土地变更调查		作业单位
			总投入（万元）	单价（元）	总投入（万元）	单价（元）	
1	道里区	429.46	197.1386	4 590.38	18.4456	429.51	哈尔滨市国土资源勘测规划院
2	延寿县	2 502.90	478.4437	1 911.56	35.0828	140.17	哈尔滨市国土资源勘测规划院
3	富拉尔基区	375.21	144.5393	3 852.22	14.6612	390.75	齐齐哈尔市国土资源勘测规划设计院有限公司
4	克山县	3 182.12	462.3892	1 453.09	28.0474	88.14	齐齐哈尔市国土资源勘测规划设计院有限公司
5	鸡冠区	147.60	85.5085	5 793.26	7.2964	494.34	黑龙江省地质矿产局测绘院
6	虎林市	2 413.00	589.8875	2 444.62	32.1510	133.24	黑龙江北斗国土测绘有限公司

注：以上各行政辖区的调查比例尺均为 1∶10 000。

二、确定人员费标准预算值

根据《黑龙江省农村土地调查项目取费标准研究实施方案》，土地调查成本由人员费、办公费、印刷费、水电费、邮电费、交通费、差旅费、会议费、培训费、专用材料和专用燃料费、咨询劳务费、委托业务费、设备购置费、维修（护）费及其他费用组成。

从两个角度对土地调查的取费进行剖析，一个方面是横向分析，即根据黑龙江省财政厅预算的 15 大类费用科目、36 个子明细科目进行逐一分析，再将费用进行归集；另一个方面是纵向分析，即根据黑龙江省土地利用调查的工作过程，将工作分解成工作项，逐一对工作项所涉及的所有费用科目进行细化分析，再将所有分解的工作项进行综合合并，将费用归集，最后测算出黑龙江省土地调查的标准预算值。

（一）黑龙江省各地区工资区类别

1. 九类工资区

黑河专区的爱辉、逊克、嘉荫、孙吴、呼玛五县。

2. 六类工资区

除了黑河专区的爱辉、逊克、嘉荫、孙吴、呼玛五县以外的均为六类地区。

（二）项目施工过程分解的两个标准

1. 项目施工过程的结果符合现行技术规范及工作内容的要求。

2.项目施工过程所涉及的人员费、办公费、咨询费等各项费用的合理使用。

(三)人工工作时间的科学分类

人工工作时间分为以下两类。

1.必要时间

必要时间指在正常项目实施条件下,为完成一定数量的成果所必须消耗的工作时间。

2.非必要时间

非必要时间由多余或偶然工作的时间、停工时间和违反劳动纪律的时间等几部分时间组成。

(四)人工预算单价计算方法及计算标准

1.人员费

人员费指直接从事土地调查项目的人员开支的各项费用,其预算单价的组成按国家劳动部门现行有关规定,同时结合土地调查项目实际情况,划分为甲类工和乙类工两个档次,与定额中的劳动力等级相对应。编制项目预算时应分别计算。人工预算单价包括基本工资、辅助工资、工资附加费。

$$人员费＝基本工资＋津贴补贴＋奖金＋社会保障缴费＋伙食补助费 \\ ＋绩效工资＋其他工资福利支出$$

注释:

(1)养老保险费率一般取20%以内,住房公积金费率一般取5%左右。

(2)在十一类工资区基础上增加的地区生活补贴或费用,只有按国家正式文件规定享受生活补贴的特殊地区,才能进入人工预算单价,计入基本工资;国家有关部门批准的地区津贴计入辅助工资,各省、自治区、直辖市规定的各种补贴按现行规定不计入人工单价。

(3)人工费还可根据批准的特殊项目规划设计,按分项工程进行确定。

公式为:

$$人工费＝工作量×定额人工费$$

$$定额人工费＝定额劳动量(工日)×人工预算单价(元/工日)$$

(4) 根据项目实际情况考虑人工费幅度差因素。

2. 有效工作时间

2008 年劳动保障部发布的《关于职工全年月平均工作时间和工资折算问题的通知》(劳社部发〔2008〕3 号)规定"根据《全国年节及纪念日放假办法》(国务院令第 513 号)的规定,全体公民的节日假期由原来的 10 天增设为 11 天"。

年应工作日＝365 天－104 天(休息日)－11 天(法定节假日)＝250 天

3. 基本工资与辅助工资计算方法和标准

基本工资与辅助工资计算方法和标准如表 7 所示。

表 7　基本工资与辅助工资计算方法和标准

项　目		计　算　方　法
年应工作天数		250 工日(年日历日 365 天减法定假 11 天,减 52 周双休日 104 天)
年非工作天数		指探亲假、天气影响停工、学习培训、6 个月以内病假等在年应工作天数之内而未工作的天数 甲类、乙类平均按 11 天计
基本工资		由岗位工资和年功工资以及年应工作天数内非作业天数的工资组成 基本工资(元/工日)＝基本工资标准(元/月)×地区工资系数×12 月÷(年应工作天数－年非工作天数)
辅助工资		在基本工资以外,以其他形式支付给职工的工资性收入
	地区津贴 (元/工日)	津贴标准(元/月)×12 月÷(年应工作天数－年非工作天数)
	工作津贴 (元/工日)	津贴标准(元/天)×365 天×K_1÷(年应工作天数－年非工作天数)
	夜餐津贴 (元/工日)	(中班津贴标准＋夜班津贴标准)÷2×K_2
	节日加班津贴 (元/工日)	基本工资(元/工日)×3×10÷年应工作天数×K_3
	辅助工资 (元/工日)	地区津贴＋施工津贴＋夜餐津贴＋节日加班津贴

注:K_1、K_2、K_3 为辅助工资系数,详见表 11。

4. 工资附加费用构成及计算方法和标准

工资附加费指按照国家规定提取的职工福利基金、工会经费、养老保险费、医疗保险费、工伤保险费、职工失业保险基金和住房公积金。各项费用的计算如表 8 所示。

工资附加费(元/工日)＝职工福利基金＋工会经费＋养老保险费＋医疗保险费
＋工伤保险费＋职工失业保险基金＋住房公积金

表8 工资附加费用构成及计算方法和标准

项 目	计 算 方 法
职工福利基金(元/工日)	[基本工资(元/工日)＋辅助工资(元/工日)]×费率标准(%)
工会经费(元/工日)	[基本工资(元/工日)＋辅助工资(元/工日)]×费率标准(%)
养老保险费(元/工日)	[基本工资(元/工日)＋辅助工资(元/工日)]×费率标准(%)
医疗保险费(元/工日)	[基本工资(元/工日)＋辅助工资(元/工日)]×费率标准(%)
工伤保险费(元/工日)	[基本工资(元/工日)＋辅助工资(元/工日)]×费率标准(%)
职工失业保险基金(元/工日)	[基本工资(元/工日)＋辅助工资(元/工日)]×费率标准(%)
住房公积金(元/工日)	[基本工资(元/工日)＋辅助工资(元/工日)]×费率标准(%)

5. 人工工日预算单价计算方法和标准

人工工日预算单价(元/工日)＝基本工资＋辅助工资＋工资附加费

因黑龙江省大部分地区为六类工资区,故以六类地区为基准,计算人工预算单价,如表9所示。

表9 人工预算单价计算表

序号	地区类别 项目	计 算 公 式	人工等级单价(元)
1	基本工资	基本工资标准(元/月)×地区工资系数×12月÷241	
2	辅助工资		
(1)	地区津贴	津贴标准(元/月)×12月÷241	
(2)	施工津贴	津贴标准(元/天)×365天×K_1÷241	
(3)	夜餐津贴	(中班津贴标准＋夜班津贴标准)÷2×K_2	
(4)	节日加班津贴	基本工资(元/工日)×3×10÷250×K_3	
3	工资附加费		
(1)	职工福利基金		
(2)	工会经费		
(3)	养老保险费		
(4)	医疗保险费	[基本工资(元/工日)＋辅助工资(元/工日)]×费率标准(%)	
(5)	工伤保险费		
(6)	职工失业保险基金		
(7)	住房公积金		
4	人工工日预算单价	(基本工资＋辅助工资＋工资附加费)元/工日	

与六类地区工资所对应的其他地区工资系数表、辅助工资系数表、辅助工资标准表、工资附加费标准表分别如表10～表13所示。

表10 与六类地区工资所对应的其他地区工资系数表

地区级别	工资系数
七类工资区	1.0261
八类工资区	1.0522
九类工资区	1.0783
十类工资区	1.1043
十一类工资区	1.1304

表11 辅助工资系数表

项目	甲类（工长、高级工）	乙类（初级工）
K_1	0.95	0.95
K_2	0.20	0.05
K_3	0.35	0.15

表12 辅助工资标准表

序号	项目	枢纽工程	引水工程及河道工程
1	地区津贴	按国家、省（自治区、直辖市）的规定	
2	施工津贴	5.3元/天	3.5～5.3元/天
3	夜餐津贴	4.5元/夜班，3.5元/中班	

表13 工资附加费标准表

序号	项目	费率标准（%）	
		甲类（工长、高级工）	乙类（初级工）
1	职工福利基金	14	7
2	工会经费	2	1
3	养老保险费	按各省（自治区、直辖市）规定	按各省（自治区、直辖市）规定的50%
4	医疗保险费	4	2
5	工伤保险费	1.5	1.5
6	职工失业保险基金	2	1
7	住房公积金	按各省（自治区、直辖市）规定	按各省（自治区、直辖市）规定的50%

6. 黑龙江省工资预算标准及分区

黑龙江省除九类工资区的五县外,其余各市县均为六类工资区,因黑龙江省在土地调查方面没有相关的规定及文件,故参考国土资源部 2012 年 3 月最新修订的《土地开发整理项目预算定额标准》关于甲类工、乙类工的基本工资标准,如表 14 所示。

表 14　甲、乙类工基本工资标准

序号	名　　称	单位	土地开发整理项目
1	甲类工	元/月	540
2	乙类工	元/月	445

根据《人事部财政部关于印发〈完善艰苦边远地区津贴制度实施方案〉的通知》(国人部发〔2006〕61 号),黑龙江省实施艰苦边远地区津贴范围和类别名单如下(共 104 个县、市、区):

(1)一类区(32 个)

哈尔滨市:尚志市、五常市、依兰县、方正县、宾县、巴彦县、木兰县、通河县、延寿县。

齐齐哈尔市:龙江县、依安县、富裕县。

大庆市:肇州县、肇源县、林甸县。

伊春市:铁力市。

佳木斯市:富锦市、桦南县、桦川县、汤原县。

双鸭山市:友谊县。

七台河市:勃利县。

牡丹江市:海林市、宁安市、林口县。

绥化市:北林区、安达市、海伦市、望奎县、青冈县、庆安县、绥棱县。

(2)二类区(67 个)

齐齐哈尔市:建华区、龙沙区、铁锋区、昂昂溪区、富拉尔基区、碾子山区、梅里斯达斡尔族区、讷河市、甘南县、克山县、克东县、拜泉县。

黑河市:爱辉区、北安市、五大连池市、嫩江县。

大庆市：杜尔伯特蒙古族自治县。

伊春市：伊春区、南岔区、友好区、西林区、翠峦区、新青区、美溪区、金山屯区、五营区、乌马河区、汤旺河区、带岭区、乌伊岭区、红星区、上甘岭区、嘉荫县。

鹤岗市：兴山区、向阳区、工农区、南山区、兴安区、东山区、萝北县、绥滨县。

佳木斯市：同江市、抚远县。

双鸭山市：尖山区、岭东区、四方台区、宝山区、集贤县、宝清县、饶河县。

七台河市：桃山区、新兴区、茄子河区。

鸡西市：鸡冠区、恒山区、滴道区、梨树区、城子河区、麻山区、虎林市、密山市、鸡东县。

牡丹江市：穆棱市、绥芬河市、东宁县。

绥化市：兰西县、明水县。

（3）三类区（5个）

黑河市：逊克县、孙吴县。

大兴安岭地区：呼玛县、塔河县、漠河县。

机关工作人员艰苦边远地区津贴标准如表15、表16所示。

表15　机关工作人员艰苦边远地区津贴标准表（按技术等级划分）　　单位：元/月

标准 职务（技术等级）	一类区	二类区	三类区	四类区	五类区	六类区
省部级以上	130	240				
厅局级	110	200	380	680	1050	1400
县处级	90	170	300	530	850	1200
乡科级 技师以上	75	140	245	430	720	1050
科员以下 高级工以上	65	120	215	370	640	950

表16 机关工作人员艰苦边远地区津贴标准表（按岗位等级划分） 单位：元/月

标准 岗位等级	一类区	二类区	三类区	四类区	五类区	六类区
一级专业技术岗位 一级至二级管理岗位	130	240				
二级至四级专业技术岗位 三级至四级管理岗位	110	200	380	680	1050	1400
五级至七级专业技术岗位 五级至六级管理岗位	90	170	300	530	850	1200
八级至十级专业技术岗位 七级至八级管理岗位 一级至二级技术工岗位	75	140	245	430	720	1050
十一级至十三级专业技术岗位 九级至十级管理岗位 三级至五级技术工岗位和普通工岗位	65	120	215	370	640	950

7. 黑龙江省土地调查人工预算单价

本次取费标准研究以一类地区高级工、科员津贴为例。得出六类地区甲、乙类工人工费预算的单价如表17、表18所示。

表17 甲类工人工费预算单价计算表

编号	项目名称	费用标准及计算公式	金额（元）
1	基本工资（元/工日）	540元/月×1.0×12月÷250工日	25.92
2	辅助工资		9.86
2.1	地区津贴（元/工日）	65元/月×12月÷250工日	3.12
2.2	施工津贴（元/工日）	3.5元/天×365天×95%÷250工日	4.85
2.3	夜餐津贴（元/工日）	4.0×0.2	0.80
2.4	节日加班津贴（元/工日）	25.92元/天×3×10÷250工日×35%	1.09
3	工资附加费		17.33
3.1	职工福利基金（元/工日）	(25.92元/天+9.86元/天)×14%	5.01
3.2	工会经费（元/工日）	(25.92元/天+9.86元/天)×2%	0.72
3.3	养老保险费（元/工日）	(25.92元/天+9.86元/天)×20%	7.12
3.4	医疗保险费（元/工日）	(25.92元/天+9.86元/天)×4%	1.43
3.5	工伤保险费（元/工日）	(25.92元/天+9.86元/天)×1.5%	0.54
3.6	职工失业保险基金（元/工日）	(25.92元/天+9.86元/天)×2%	0.72
3.7	住房公积金（元/工日）	(25.92元/天+9.86元/天)×5%	1.79
4	人工工日预算单价（元/工日）	基本工资+辅助工资+工资附加费	53.11

表 18 乙类工人人工费预算单价计算表

编号	项目名称	费用标准及计算公式	金额(元)
1	基本工资(元/工日)	445元/月×1.0×12月÷250工日	21.36
2	辅助工资		9.07
2.1	地区津贴(元/工日)	65元/月×12月÷250工日	3.12
2.2	施工津贴(元/工日)	3.5元/天×365天×95%÷250工日	4.85
2.3	夜餐津贴(元/工日)	4.0×0.05	0.2
2.4	节日加班津贴(元/工日)	21.36元/天×3×10÷250工日×35%	0.9
3	工资附加费		14.77
3.1	职工福利基金(元/工日)	(21.36元/天+9.07元/天)×14%	4.26
3.2	工会经费(元/工日)	(21.36元/天+9.07元/天)×2%	0.61
3.3	养老保险费(元/工日)	(21.36元/天+9.07元/天)×20%	6.09
3.4	医疗保险费(元/工日)	(21.36元/天+9.07元/天)×4%	1.22
3.5	工伤保险费(元/工日)	(21.36元/天+9.07元/天)×1.5%	0.46
3.6	职工失业保险基金(元/工日)	(21.36元/天+9.07元/天)×2%	0.61
3.7	住房公积金(元/工日)	(21.36元/天+9.07元/天)×5%	1.52
4	人工工日预算单价(元/工日)	基本工资+辅助工资+工资附加费	45.2

考虑到土地调查工作实际,以六类地区乙类人工单价为45.20元/(人·天)为预算标准,并且根据各类地区影响因素及其他因素据实调整。

三、现状调查案例

(一)数据收集

收集各个样点区的基本情况表、财务分类表、技术分类表、困难影响分类表(详见附件一样点区现状调查跟踪监测样表)。

1.调研表格填写的总体原则

(1)项目预算标准采用全成本预算进行。15个费用分36个科目。

(2)计划单列市不纳入统计范围内。

(3)地市级用表在填写过程中,一定要以实际发生的费用进行填写。省级整理表在填写过程中在参考实际发生费用的同时,参考此项目是全成本预算标准,还要考虑到实际发生的费用中有些没有支出,是通过其他途径得到的,因此也要把各方面的成本考虑进去,但必须是直接用于工程项目中的费用。比如,行政职务人员是直接参与项目的,只是在项目不发生费用,在做全成本预算的时候,必须要考虑到,需要从财政费用里划拨一定比例的额度到项目中来。

(4)填写的时间截止点,现状调查以2007年开始的二次调查时间的开始点为基准点,以2009年结束的时间节点为终止点;变更调查的时间节点以2011年度的时间点为基准点。在现状调查中只用农村部分,暂时不考虑城镇调查部分。

(5)在困难影响因素里,综合变化量、权属变化量是指外业调查中各类变化的上年度和本年度变化的绝对值数,变化过程中的数量不予以统计。

(6)需要增加的项目中,财务类15个费用不得突破,36个科目可以突破,但所突破的项目名称必须与2011年财政部收支分类科目的名称一致。技术类21项工程流程不得突破,44(或51)项工作内容名称可以突破,但所突破的工作内容名称必须与《第二次全国土地调查技术规程》或者《土地变更调查技术规程》中的名称一致。

(7)软件费用放在设备购置费中(二调),软件升级放在变更调查的设备维护(修)费中。

(8)项目调研过程应遵循的三个"必要":必要的技术、必要的消耗、必要的人员。

必要的技术是指发挥承担项目过程中,用先进的技术可以完成的就不需要全程靠人工来完成,以期达到多赚取人员费的目的。

必要的消耗是指在项目执行过程中所必须要发生的车辆、燃油、房屋租赁、设(施)备消耗等。

必要的人员是指可以用工程师来完成的,就不必要用高级工程师来完成,也没有必要多个助工来完成。

(9)关于小数点后保留几位数的约定:以"万元"为单位计算的,一般小数点后面保留4位,特殊情况可保留到5位。以"元"为单位计算的,小数点后面保留2位。以

"‰"为单位计算的,小数点后面一般保留2位,特殊情况可保留到3位,在保留3位的时候,所有数据都以小数点后面3位来计算,以达到精益求精的目的。

2. 基本情况表的填写要求

(1)工程项目名称栏内填写具体项目名称。

(2)调研时间:实际调研日期。

(3)工程项目承担单位名称:承担项目的单位名称,外包的也可以填写外包单位名称。

(4)工程项目承担单位性质:填写"企业、事业等",如果是事业单位还必须填写至"全额、差额、自收自支"等性质。

(5)工程项目承担单位资质:填写所拥有的资质,按甲、乙、丙依次为高、中、低档。

(6)项目所在地:填写至省、市、县。

(7)综合条件:可以不填,由调研组根据国家统计年鉴来填写。

(8)工程项目执行财务制度:承担单位现在所执行的财务制度,包括地方财务制度、专项资金、部预算管理办法。

(9)工程项目执行的技术标准:第二次全国土地调查技术规程,或者是其他规程。

(10)工程项目比例尺:1∶5 000、1∶10 000、1∶100 000,单选其中一个。

(11)工程项目规模:调查面积数量,以平方千米为单位。

(12)工程项目实际总费用:以万元为单位计算。

(13)工程项目实际单价:总费用/总面积(单位:元/千米^2)。

(14)案例编号:XX省XX市(或区、县)现状01X类,或者XX省XX市(或区、县)01X类(分类原则:山地为一类,丘陵为二类,平原为三类)。

3. 财务分类表的填写要求

按照财政部2011年的科目名称来填写,共包括15个科目名称36项费用名称。填写过程中可以按科目名称来填写,也可以按36项费用名称来填写,亦可交叉填写。

以实际发生的内容为填写依据。

按科目不超过15项,按费用不超过36项。如果在填写过程中不能与科目(费用)名称一致时,以实际发生的名称来填写,而后由调研组成员在征求专家意见的基础上,统一调剂。15项科目不得突破,但36项费用可以突破。

"实际工程项目支出科目发生金额(单位:元/千米^2)"栏内按实际填写,"实际工程项目每一支出科目金额占总费用金额比例"栏内如果不好确定比例,由调研组成员在征求专家意见的基础上,按总金额除以单项项目来确定其比例。

4. 技术分类表的填写要求

财务分类表是按36项费用名称来统计填写的,技术分类表是按15项科目来统计填写的。统计过程中,不能按36项费用具体到每个费用名称来统计的,可以按15项科目来统计。具体来说,就是能按什么方式来统计由当地局(院)来确定。

在不能明确填写每一项内容所涉及的科目(费用)数量时,可以按每一项内容所涉及的总金额填写,即填写横向"合计"栏。

无论是按15项科目还是按36项费用填写,以实际发生的内容为准。按全成本预算来进行,特别是有些科目(费用)可能根本就不会发生,比如项目进行过程中的设备,因为设备是项目的基础,虽然不用购置,但设备会有折旧费,那么,就可以当作设备租赁费用来对待(包含汽车之类的)。

人员费中,涉及人的费用都要计算在内。特别是社保、绩效、奖金等之类的也一定要包括在内。在差额拨款单位中,有些人可能不涉及人员费,但不能不把这些人的基本费用算在内。

会议费、培训费、取暖费等,在实际执行过程中,有些可能没有发生,但作为全成本预算项目,应视为可能会发生,那么,就应该计算在内。

5. 困难影响分类表的填写要求

调查表里,提供了部分影响因素,现状调查是9项,变更调查是8项,在此基础上,按困难影响因素和比重来填写,表中如果没有涉及的内容,也可以增加困难影响因素的其他内容,但所有项目的比重加和为1,不能小于1也不能大于1。

在地形地貌里,要考虑到平原、丘陵、山地的比例。

交通状况主要是指公路的通达程度。

基础资料状况是指一次调查、二次调查以来本单位所存的现有资料,当然也包括自己收集整理的基础资料等。

(二)数据汇总与筛选

1. 误差的分类

按照对基准、标准影响的性质,一个可靠的测量结果的误差可分为两类。

(1)系统误差,指在同一条件下多次测量同一量时,误差的绝对值和符号保持恒定;或在条件改变时,按某一确定的规律变化的误差。

(2)随机误差,指在实际相同条件下多次测量同一量时,误差的绝对值和符号的变化,时大时小,时正时负,没有确定的规律,也不可以预定但具有抵偿性的误差。

2. 粗差的判别准则

粗差,指明显歪曲测量结果的误差。如读错、测错、记错或测量对象出现较大偏差时带来的误差。含有粗差的测量值称为坏值或异常值。但发生停工等事件或者地质条件差异较大时也将会造成数据不合理。

一个可靠的测量结果不应包含粗差,即所有的坏值都要剔除。在建立取费标准的过程中,各种测量数据难免会因观测人员、观测仪器乃至被观测对象等原因而包含粗差。为保证取费标准的编制质量,建立一个好的判别粗差的准则是很有必要的。通常使用数学方法剔除不正常数据来代替传统的由专家逐条记录分析判断的方法。

对于不明显的粗差,在实测过程中难以发觉,可以在实测结束后对原始数据数列用统计方法进行分析剔除。统计判别法的基本思想是根据误差出现的统计规律,给定显著水平(或置信水平)确定一个相应的界限,凡是超过了这个界限的误差,就认为不属于随机误差的范畴,而是粗差,相应的测定值为异常值应剔除。

常用的统计判别方法包括莱以达准则、肖维勒准则、格拉布斯准则、狄克逊准则以及 T 检验准则等。其中,莱以达准则和肖维勒准则都是以随机误差的正态分布规律为依据,适合于样本容量比较大的数列(一般样本数 $n \geqslant 20$),如果是小样本容量数列的话,异常值难以检出甚至将出现失误;格拉布斯准则、狄克逊准则和 T 检验准则都能适合于样本容量较少时的检验。

本书采用一种比较常用的检验方法——T 检验准则方法。

应用 T 检验准则分析剔除异常数据的具体步骤可归纳为如下五步。

(1)在 n 个观测值中找出与平均值相比误差最大的观测值 x_k 作为可疑值。

(2)对不包括可疑值 x 在内的 $(n-1)$ 个观测值,计算平均值:

$$\overline{x} = (\sum_{\substack{i=1 \\ i \neq k}}^{n} x_i)/(n-1)$$

以及样本标准差:

$$s = \sqrt{\left[\sum_{\substack{i=1 \\ i \neq k}}^{n} (x_i - \overline{x})^2\right]/(n-2)}$$

(3)选定置信水平 α 后,可从相关的 t 分布表上查出 $t_{n-2,\frac{\alpha}{2}}$,再计算得到:

$$K(n,\alpha) = t_{n-2,\frac{\alpha}{2}} \cdot \sqrt{\frac{n}{n-1}}$$

(4)检查,如果 $|x_k - \overline{x}| > K(n,\alpha) \cdot s$ 成立,则 x_k 为异常值,应予以剔除;否则不应剔除,并终止检查。

(5)若 x_k 为异常值,将它剔除后,对余下的 $(n-1)$ 个观测值重复上述步骤,直至不再有异常值。

(三)取费标准数值的确定

1.确定方法

以数值测定法确定,主要使用数值测定中的层次分析法及加权平均法。

层次分析法(Analytical Hierarchy Process)是美国著名运筹学家、匹兹堡大学教授萨蒂在20世纪70年代初提出的。它是处理具有多目标、多准则、多因素、多层次的复杂问题之决策分析与综合评价的一种简单、实用且有效的方法,是一种定性和定量分析相结合的系统分析与评价方法。

2.层次分析法的思路

层次分析法的基本思路,是将所要分析的问题层次化,根据问题的性质和所要达到的总目标,将问题分解为不同的组成因素,并按照这些因素间的相互关联影响以及隶属关系将因素按不同层次聚集组合,形成一个多层次分析结构模型。最后将该问题归结为最低层相对最高层(总目标)的比较优劣的排序问题。

3.层次分析法的特点

(1)层次分解性

层次分析法首先找出问题所牵连的主要因素,将复杂系统的各个因素按它们的关联隶属关系,层层分解,构建有层次的结构形成阶梯层次模型,从而可以将复杂的问题分解成若干层次,在把问题变得比原来简单得多的情况下加以分析。

(2)定量与定性相结合

层次分析法是系统分析中对非定量事件做定量分析的一种新的决策方法。在将复杂问题进行分解的前提下,确定思维判断的相对标度,并将人们的主观判断按照此准则做数量形式的表达、处理和分析,从而实现定性向定量的转变。

4. 基于层次分析法的取费标准计算模型设计

(1)对各个影响因素打分,确定系数及上、下限范围。一般把工作项类别按工作程度 1 划分相对比例,进而区别不同工作项类别的影响程度。以一个工程类别为标准取满分 1,其他的工作项类别以这个工程类别为标准取值。根据传统经验确定系数值及上、下限范围。

(2)根据样点区数据计算不同工作项类别的组合权重 N。

$$N_1 = (W_{11} + W_{21} + \cdots + W_{n1})$$

$$N_2 = (W_{12} + W_{22} + \cdots + W_{n2})$$

$$\cdots\cdots$$

$$N_5 = (W_{15} + W_{25} + \cdots + W_{n5})$$

(3)根据样点区数据求算出各项费用所占总费用系数 β。

$$\beta_{19} = (Q_{11} + Q_{12} + \cdots + Q_{18})$$

$$\beta_{29} = (Q_{21} + Q_{22} + \cdots + Q_{28})$$

$$\cdots\cdots$$

(4)以上权重系数与各项费用变化幅度系数乘积之和,再做加权平均。根据以上方法,计算得出各困难级别费用的权重系数。

$$W = \sum_{i=1}^{n} A_i W_i$$

其中:

W——样点区预算基础费用标准值;

W_i——评价对象的 i 工作项权值;

A_i——工作项费用的权值。

且：

$$\sum_{i=1}^{n} A_i = 1, 0 < A_i \leqslant 1$$

5. 基于层次分析法的取费标准结论

应用于单个测定值,以便对其误差的变异情况做出判断。即:首先根据黑龙江省近年土地调查工作项目收集财务资料,根据统计分析法及数值测定法经过数理统计理论的分析、整理,结合当前的土地调查工作项内容及同类有可比性的各区域调查项目已经发生的各项费用,确定典型样点区作为测算基础;再使用经验估计法根据工人、施工技术人员(专家)的实践经验,并参考有关的技术资料,通过座谈讨论,对完成某项工作所需消耗的人工(工日)、物力(材料)、咨询、办公等其他费用等数据进行分析,并结合黑龙江省社会平均人均日工资及 GDP 指数、物价水平、交通状况、区域位置、土地调查工作类型(土地利用现状调查或土地变更调查)、调查工作难度、调查工作面积及调查工作耗用时间等项目,利用因素分析法剔除单项费用中过高或过低的不合理因素,计算确定典型样点区的基础数值,最后使用替代测试法将测算出的典型样点区的基础取费标准数值依次替代求和,得出土地现状调查及土地变更调查的基础取费标准。

经测算黑龙江省土地利用现状调查的基础取费标准为 2073.17 元/千米^2（详见附件十黑龙江省土地利用现状调查基础取费标准表）。

四、变更调查案例

(一)数据收集

数据收集原则及各个样区的基本情况表、财务分类表、技术分类表、困难影响分类表填写要求同现状调查(详见附件二样点区变更调查跟踪监测样表)。

(二)数据汇总与筛选

以经验估计法、统计分析法、数值测定法对所收集到的道里区、延寿县、虎林市、鸡冠区、富拉尔基区、克山县变更调查数据进行汇总与筛选,详细的方法见本书第二章中的相关内容。

(三)取费标准数值的确定

主要以数值测定法确定,使用数值测定中的层次分析法及因素替代法。其中,层次分析法的使用、取费标准计算模型设计等同现状调查。

经测算黑龙江省土地利用变更调查的基础取费标准为 130.56 元/千米^2(详见附件十一黑龙江省土地利用变更调查基础取费标准表)。

第三节 土地调查经费投入影响因素研究

一、土地调查经费投入影响因素分析

土地调查取费与调查的工作量以及与该工作量有关的一系列费用密切相关。工作量是衡量土地调查取费标准的基础,本研究结合土地调查特点和土地调查工作项复杂程度对土地调查工作量的影响,探索构建土地调查困难影响指标体系,确定指标的影响权重和分值,划分困难度类别,建立量化、标准化的困难类别体系,定量化地度量各地土地调查的困难度分级,用困难级别来衡量不同地区土地调查工作量,为土地调查取费标准研究提供重要的技术支撑。定量化、标准化的困难类别体系不仅是取费标准科学化、合理化的体现,还是土地调查取费标准研究的一种创新;对制定一套系统科学、完整全面的土地调查取费标准,改变黑龙江省土地调查经费预算不合理的现状,提高土地调查单位积极性,促进土地调查工作的顺利进行,改善调查成果质量,具有重大的理论和现实意义。

依据《土地调查条例》(国务院第 518 号令)、《国务院关于开展第二次全国土地调查的通知》(国发〔2006〕38 号)、《第二次全国土地调查技术规程》(TD/T 1014—2007)、《土地利用现状分类》(GB/T 21010—2007)、《第二次全国土地调查数据库建设

技术规范》(国土资源部2007年)等国家土地管理行业标准,结合黑龙江省第二次土地调查和年度变更调查工作实际,以土地调查、年度变更调查工作程序和工作内容为主线,从工作项、工作内容、技术支持等角度入手,全面、系统地分析土地调查取费的影响因素。

(一)土地利用现状调查困难影响因素分析

土地利用现状调查利用黑龙江省近期卫星遥感影像、地理信息系统、全球卫星定位系统等先进技术和有关资料,制作1∶10 000的数字正射影像图(DOM),作为农村土地调查的调查底图。查实查清各地土地的权属、地类、面积、分布、利用状况,并建立农村土地调查数据库,取得真实的土地基础数据,为全省今后开展土地利用总体规划修编、年度土地变更调查、耕地保护等工作奠定坚实的基础;为社会经济发展提供现势、准确的数据平台。

1. 行政区规模

本研究所指的行政区规模是黑龙江省132个县级单位的行政区域总面积,各县级单位受地理、经济条件等因素的影响,行政区规模有较大差别,一般来说,行政区越大,土地现状调查调查难度越大。

2. 地形地貌

地形地貌是影响土地现状调查工作量的重要因素,黑龙江省各地地形地貌均不相同,平原、山区地形地貌相对单一,半山区、丘陵地带地形地貌起伏不定,地表图斑破碎,调查难度大。

3. 交通状况

本研究所指的交通状况主要指路网密度,综合考虑农村道路、公路、铁路在县级行政辖区内的密度,路网密度越小,土地现状调查难度越大。

4. 图斑+线状地物密度

图斑是土地现状调查的基本单元,线状地物主要包括河流、铁路、公路、管道用地、农村道路、林带、沟渠等。图斑和线状地物密度是影响土地现状调查工作量的重要因素之一,图斑越密集、线状地物越多,调查难度越大。

5. 权属单位密度

权属调查是土地现状调查重要的组成部分，土地现状调查要逐地块实地调查土地的地类、位置、面积和权属，以及国有土地使用权和集体土地所有权状况。土地权属单位越多，国有集体土地密度越大，土地现状调查难度越大。

6. 界址点密度

土地权属调查的基本单位是宗地，而宗地是由界址点围成的封闭圈，宗地的调查需要进行相邻权利人的指界、认界，采用图解法或全解析法确定每一宗地的界址点，界址点密度越大，土地调查难度越大。

7. 影像资料分辨率

土地现状调查充分利用航空、航天遥感技术，获取客观现势的地面影像作为调查的主要信息源。采用多平台、多波段、多信息源的遥感影像，包括航空、航天获取的光学雷达数据，实现了在较短时间内对全省各类地形及气候条件下，现势性遥感影像的全覆盖；采用基于 DEM（数字高程模型）和 GPS（全球定位系统）控制点的微分纠正技术，提高了影像的正射纠正几何精度；采用星历参数和物理成像模型相结合的卫星影像定位技术和基于差分 GPS/IMU 的航空摄影技术，实现了对无控制点或稀少控制点地区的影像纠正。因此影像分辨率就成为影响土地现状调查工作量的关键因素，影像分辨率越低，土地现状调查难度越大。

8. 物价水平

物价水平是一种经济社会中各种商品和劳务的价格的加权平均数，是用来衡量所在的目标市场潜在的消费能力和分析其经济状况的又一非常重要指标。也是影响土地现状调查取费标准的一项重要指标，物价水平越高，取费标准越高。

9. 工资水平

工资水平是指一定区域和一定时间内劳动者平均收入的高低程度。生产决定分配，只有经济发展才能提供更多的可分配的社会产品，因此工资水平必须与经济发展水平相适应。工资水平是土地现状调查人员成本中最重要的影响因素，工资水平越高，成本越高，取费标准越高。

(二)土地利用变更调查困难影响因素分析

按照国家要求,在二次土地调查之后,每年开展土地变更调查。这项工作已经成为一项国土资源管理的基础性日常工作,是保持土地调查数据的现势性,实现土地调查基础数据适应国家主动监测、核查的重要基础。土地变更调查的主要工作任务就是利用现代遥感、地理信息系统、全球定位系统等技术,将每年的土地利用变化信息更新到二次调查数据库中,形成现势性较强的土地基础数据。

1.行政区规模

本研究所指的行政区规模是黑龙江省132个县级单位的行政区域总面积,各县级单位受地理、经济条件等因素的影响,行政区规模有较大差别,一般来说行政区越大,变更调查难度越大。

2.地形地貌

地形地貌是影响土地变更调查工作量的重要因素之一,黑龙江省各地地形地貌均不相同,平原、山区地形地貌相对单一;半山区、丘陵地带地形地貌起伏不定,地表图斑破碎,变更调查难度大。

3.交通状况

本研究所指的交通状况主要指路网密度,综合考虑农村道路、公路、铁路在县级行政辖区内的密度,路网密度越小,土地变更调查难度越大。

4.综合变化量

统计分析2010年、2011年、2012年土地变更调查中,国家下发疑问图斑数量,地方根据外业调查结果最终变更的图斑数量等综合变化情况,综合变化量能直观反映各县级行政区的变更调查工作量是影响土地变更调查取费的重要因素,综合变化量越大,土地变更调查难度越大。

5.权属变化量

统计分析2010年、2011年、2012年土地变更调查中,各地变更图斑中的权属单位变化情况,权属变化量是影响土地变更调查取费的重要因素之一,权属变化量越大,土地变更调查难度越大。

6. 基础资料状况

基础资料的完备程度主要包括资料的现势性和齐全性。土地变更调查的目的，主要是保持土地调查数据的现势性，实现土地调查基础数据适应国家主动监测、核查，因此各种备案信息等基础资料的现势性与需要开展土地变更调查工作量也密切相关，现势性越差，变更调查难度越大。

7. 影像资料分辨率

土地变更调查是国家统一提供影像资料，充分利用航空、航天遥感技术，获取客观现势的地面影像，制作土地变更调查底图作为调查的主要信息源。因此影像分辨率就成为影响土地变更调查工作量的关键因素，影像分辨率越低，土地变更调查难度越大。

8. 物价水平

物价水平是一种经济社会中各种商品和劳务的价格的加权平均数，是用来衡量所在的目标市场潜在的消费能力和分析其经济状况的非常重要的指标，也是影响土地变更调查取费标准的一项重要指标。物价水平越高，取费标准越高。

9. 工资水平

工资水平是指一定区域和一定时间内劳动者平均收入的高低程度。生产决定分配，只有经济发展才能提供更多的可分配的社会产品，因此工资水平必须与经济发展水平相适应。工资水平是土地变更调查人员成本中最重要的影响因素，工资水平越高，成本越高，取费标准越高。

二、土地调查困难类别影响因素体系构建

(一)判定指标选取的原则

1. 系统性原则

指标体系作为一个整体，要比较全面地反映影响土地调查的工作困难度。构建土地调查困难类别判定指标体系时，要从系统的观点出发，在保证完全性的原则下，充分考虑土地调查的各项工作内容和工作环节的全部影响因素，选取能反映土地调

查困难度、土地调查工作专业特点,能影响土地调查取费的各种因子。

2.科学性原则

土地调查困难影响因素结果是否准确,取决于评价过程诸多环节是否科学。只有正确的评价结论,才能够作为开展土地调查相关业务工作的依据,因此,科学性是指标体系建立的一条重要原则。要本着实事求是的态度,以科学的理论为指导,充分吸收借鉴相关学科的最新研究成果,在建立评价指标体系、选择评价方法、量化评价指标、确定评价标准和权重以及安全级别划定上确保科学、合理。

3.定性与定量相结合,以定量为主的原则

土地调查困难影响因素,有些是可以量化的定量影响因素,有些是非量化的定性因素。对于可以量化的指标,采用定量分析法可以提供困难影响的准确性,但指标的获取可能比较困难。定性描述方法简单易行,可以直接描述土地调查困难影响因素的状况,甚至可以直接得出难度大、较难、容易等结论,这种方法的缺欠是受研究专家的知识经验和主观意志所左右。因此建立指标体系时,应定性与定量相结合,并尽可能地运用定量化的方法,保证研究的科学性。

4.区域性原则

由于不同区域,其自然、社会、经济条件都存在着差异,造成区域之间的土地调查困难影响因素明显存在地域差异性,从而导致土地调查评价指标选择差异。这就要求研究必须做到因地制宜,统筹兼顾、扬长避短、发挥优势,最大限度地满足不同区域的特点。

(二)判定指标的建立

根据土地调查困难判定因素的特点和性质,以土地现状调查困难度和土地变更调查困难度为总目标,分别设置土地现状调查行政区规模、地形地貌、交通状况(路网密度)、图斑+线状地物密度(个/100 千米^2)、权属单位密度(个/100 千米^2)、界址点密度(个/100 千米^2)、影像资料分辨率、物价水平、工资水平 9 项指标(如表 19 所示),以及土地变更调查行政区规模、地形地貌、交通状况(路网密度)、综合变化量(个/100 千米^2)、权属变化量(个/100 千米^2)、基础资料状况、影像资料分辨率、物价水平、工资水平 9 项指标(如表 20 所示)。

表19 土地现状调查困难类别判定指标体系

总目标层	指标
土地现状调查困难度	1 行政区规模
	2 地形地貌
	3 交通状况(路网密度)
	4 图斑+线状地物密度
	5 权属单位密度
	6 界址点密度
	7 影像资料分辨率
	8 物价水平
	9 工资水平

表20 土地变更调查困难类别判定指标体系

总目标层	指标
土地变更调查困难度	1 行政区规模
	2 地形地貌
	3 交通状况(路网密度)
	4 综合变化量
	5 权属变化量
	6 基础资料状况
	7 影像资料分辨率
	8 物价水平
	9 工资水平

(三)权重的确定

1. 现状调查困难影响因素权重的确定

按照专家调研法、连积评价法、和数相乘评价法确定现状调查困难影响因素的权重值。聘请了7位专家(2位土地规划领域专家、3位土地调查领域专家、1位社会科学专家、1位数据库领域专家),进行了3轮打分和评价,最终得到现状调查困难因素权重值,如表21所示。

表 21 土地现状调查困难影响因素权重

因素	行政区规模	地形地貌	交通状况（路网密度）	图斑+线状地物密度	权属单位密度	界址点密度	影像资料分辨率	物价水平	工资水平
权重	0.11	0.12	0.10	0.20	0.10	0.13	0.07	0.09	0.08

2. 变更调查困难影响因素权重的确定

按照专家调研法、连积评价法、和数相乘评价法确定变更调查困难影响因素的权重值。聘请了 7 位专家（2 位土地规划领域专家、3 位土地调查领域专家、1 位社会科学专家、1 位数据库领域专家），进行了 3 轮打分和评价，最终得到变更调查困难因素权重值，如表 22 所示。

表 22 土地变更调查困难影响因素权重

因素	行政区规模	地形地貌	交通状况（路网密度）	综合变化率	权属变化率	基础资料状况	影像资料分辨率	物价水平	工资水平
权重	0.04	0.18	0.18	0.21	0.19	0.04	0.08	0.04	0.04

三、困难影响因素补充调查

（一）补充调查的原因

对无法直接获取的困难影响因素具体值，主要按照统计调查的方法，开展补充调查。如按县级单位统计汇总图斑量、线状地物数量；农村道路、公路、铁路长度；界址点密度；权属单位密度；综合变化率；权属变化率等。并补充调查结果，采用正态分布的方法对各因素进行困难影响分级并对分级结果进行指标标准化。

（二）补充调查的内容

本研究共对行政区规模、地形地貌、交通状况（路网密度）、图斑+线状地物密度、权属单位密度、界址点密度、综合变化率、权属变化率、影像资料分辨率这 9 项困难影响因素进行补充调查。

（三）补充调查的方法

补充调查主要利用全省土地利用数据库，提取相应内容，对全省 132 个县级单位进行统计汇总(详见附件十二现状调查困难影响因素补充调查汇总样表和附件三变更调查困难影响因素补充调查汇总样表),并对汇总结果进行分级和指标标准化工作。

(四)补充调查的结果

1. 行政区规模

根据全省132个县级行政区土地调查控制总面积进行分级,共划分5个级别,分别是行政区总面积≤200平方千米,标准化值为1;行政区总面积为200~800(含)平方千米,标准化值为2;行政区总面积为800~3500(含)平方千米,标准化值为3;行政区总面积为3500~7000(含)平方千米,标准化值为4;行政区总面积>7000平方千米,标准化值为5。

2. 地形地貌

根据全省1:5万DEM生成全省132个县(市、区)坡度情况,进行矢量化,划分为5个级别,分别是地貌切割强烈的地区,地面坡度>25°的面积占调查区面积3%以上,标准化值为5;地貌切割较强烈的地区,地面坡度15°~25°的面积占调查区面积15%以上,且地面坡度>25°的面积占调查区面积3%以下的标准化值为4;丘陵区,地面坡度6°~15°,占调查区面积30%以上,且坡度15°~25°的面积占调查区面积15%以下的,标准化值为3;地面平坦,地面坡度≤2°的面积占调查区面积50%以上,地面较为平坦,标准化值为1;其余县级单位标准值为2。

3. 交通状况(路网密度)

根据全省2012年土地利用现状数据库,计算全省132个县(市、区)农村道路、公路、铁路长度加权平均来计算各地的路网密度,路网密度等于某一计算区域内所有的道路的总长度与区域总面积之比,单位为"千米/(100千米^2)"。根据路网密度计算将全省划分为5个等级,分别是路网密度≤50,标准化值为1;路网密度为50~100(含),标准化值为2;路网密度为100~200(含),标准化值为3;路网密度为200~400(含),标准化值为4;路网密度>400,标准化值为5。

4. 图斑+线状地物密度

根据全省2012年度土地利用数据库,计算全省各县级行政区图斑+线状地物密度,图斑+线状地物密度等于图斑个数加上线状地物条数除以行政区面积,单位为"个/(100 千米^2)"。根据计算结果全省划分为 5 个等级,图斑+线状地物密度≤1000,标准化值为 1;图斑+线状地物密度为 1000~2000(含),标准化值为 2;图斑+线状地物密度为 2000~4000(含),标准化值为 3;图斑+线状地物密度为 4000~6000(含),标准化值为 4;图斑+线状地物密度>6000,标准化值为 5。

5. 权属单位密度

根据全省 2012 年度土地利用现状数据库,计算全省各县级行政区权属单位密度,权属单位密度等于权属单位个数除以行政区面积,单位为"个/(100 千米^2)"。根据计算结果全省划分为 5 个等级,分别是权属单位密度≤5,标准化值为 1;权属单位密度为 5~10(含),标准化值为 2;权属单位密度为 10~50(含),标准化值为 3;权属单位密度为 50~100(含),标准化值为 4;权属单位密度>100,标准化值为 5。

6. 界址点密度

根据全省 2012 年度土地利用现状数据库,计算全省各县级行政区所有宗地界址点密度,界址点密度等于所有宗地界址点个数除以行政区面积,单位为"个/(100 千米^2)"。根据计算结果全省划分为 5 个等级,分别是界址点密度≤200,标准化值为 1;界址点密度为 200~400(含),标准化值为 2;界址点密度为 400~1000(含),标准化值为 3;界址点密度为 1000~3000(含),标准化值为 4;界址点密度>3000,标准化值为 5。

7. 综合变化率

根据全省 2010 年、2011 年、2012 年度土地利用变更情况,统计计算全省各县级行政区国家下发疑问图斑数量、地方实际变更图斑数量,计算综合变化率。根据计算结果全省共划分为 5 个等级,分别是综合变化率≤2,标准化值为 1;综合变化率为 2~4(含),标准化值为 2;综合变化率为 4~7(含),标准化值为 3,综合变化率为 7~15(含),标准化值为 4;综合变化率>15,标准化值为 5。

8. 权属变化率

根据全省 2010 年、2011 年、2012 年度土地利用变更情况,统计计算全省各县级行政区权属变化率,权属变化率等于权属综合更新个数除以行政区面积。根据计算结果将全省划分为 5 个等级,分别是权属变化率≤0.1,标准化值为 1;权属变化率为 0.1～0.2(含),标准化值为 2;权属变化率为 0.2～3(含),标准化值为 3;权属变化率为 3～20(含),标准化值为 4;权属变化率>20,标准化值为 5。

9.影像资料分辨率

根据全省 132 个县级行政区二次调查中影像资料分辨率的实际情况,并参考全省 2010 年、2011 年、2012 年度土地利用变更调查中的影像资料分辨率情况,进行分级,共划分 5 个级别,分别是影像资料分辨率≥0.5 米,标准化值为 1;影像资料分辨率为 0.5～1(含)米,标准化值为 2;影像资料分辨率为 1～2.5(含)米,标准化值为 3;影像资料分辨率为 2.5～5(含)米,标准化值为 4;影像资料分辨率<5 米,标准化值为 5。

此外,还针对变更调查基础资料的情况进行了调研。基础资料状况是影响土地变更调查成果质量的重要因素之一,基础资料包括县级单位用地的基本情况信息,如农转用报备信息、土地执法监察信息、土地出让信息、土地登记信息、土地利用现状图、土地利用总体规划图、土地整治规划图等基础信息图件资料。本研究通过对 5 家承担变更调查工作的技术支撑单位进行调研,经过反复筛选比对,最终确定全省 132 个县级单位基础资料状况分级结果。

四、困难影响因素标准化

(一)指标标准化

土地调查取费标准困难影响涉及不同对象与层次,因此在影响因素的选择上也有所不同。在困难影响选择上通常要设定一定的判别基准与理想状态作为指标值,即该指标处于工作简单的临界状态,也是研究指标的阈值,最终在评价中以是否达到标准要求作为困难与否的基本度量。

1.指标标准化的基本要求

土地调查取费困难影响因素指标的标准化应该满足如下要求:一是能反映土地调查工作量的多少;二是能反映不同地区土地调查难易程度,尽可能定量化;三是具有可操作性,有助于划分土地现状调查、变更调查的困难影响级别。

2. 标准值选取的原则

应从区域实际情况出发,尽量科学准确,简便易行。具体应遵循以下基本原则。

(1)可计量性

量化反映土地现状调查、土地变更调查的困难影响程度。

(2)先进性与应用性

特别是能满足不同区域的土地调查困难影响的要求。在应用性上,在土地调查困难影响中,所有能反映现状调查、变更调查困难影响工作量的标准和其指标值,可以直接用作判别基准;而反映地形地貌、经济发展水平的定性的指标,借助一些相互关系经过适当处理而转化为反映各功能的指标后,方可用作判别基准。

(3)地域性

地域性特征使得土地调查困难影响不宜采取单一的标准和指标值,而应该根据地域特点科学地选取。

3. 标准化数学模型

构建指标体系后,由于各指标量纲不统一,不具有可比性,处理困难,而且影响评价结果。必须对选取的指标进行标准化处理。本研究用1和5来表示评价因素因子最简单和最困难的两种极端状态,采用标准化法对指标进行量化,分别计算各指标的量化值。

为了使各地各因素间具有可比性,对上述因素进行标准化,其中正相关因素标准化公式:

$$f_{标} = 5 \times (f_i - f_{\min})/(f_{\max} - f_{\min})$$

负相关因素标准化公式:

$$f_{标} = 5 \times (f_{\max} - f_i)/(f_{\max} - f_{\min})$$

其中:

$f_{标}$——各县级单位 i 影响因素的标准化值;

f_i——各县级单位 i 影响因素的实际值;

$f_{\max}$——各县级单位中 i 影响因素的最大值;

$f_{\min}$——各县级单位中 i 影响因素的最小值。

（二）土地调查困难影响因素标准化分级结果

根据土地调查困难影响因素补充调查结果，采用指标标准化法对全省132个县级单位的调查结果进行分级和确定标准化数值，全省土地调查困难影响因素分级结果详见附件四现状调查困难影响因素标准化值分级表和附件五变更调查困难影响因素标准化值分级表。

（三）全省困难影响因素指标标准化值

根据上述指标标准化方法，将土地调查困难影响因素及补充调查结果进行指标标准化。

五、土地调查困难影响综合值

（一）计算方法

土地调查困难影响是由行政区规模、地形地貌、图斑密度、界址点密度、权属单位密度、综合变化率等众多方面所组成的复合体，土地调查困难影响综合值是由各个方面的困难程度在困难影响整体中的重要性所共同决定的。因此，可通过构建土地调查困难影响综合数学模型，反映困难影响综合情况，综合指标分值。

$$p = \sum_{i=1}^{n} p_i m$$

其中：

p——各困难影响因素权重；

m——各困难影响因素对应的标准值，分别为1.0,2.0,3.0,4.0,5.0。

上述标准化结果，根据各县级单位综合分值的分布规律，采用数轴赋值法判定各县级单位的土地调查困难类别。

（二）土地调查困难类别划分

根据上述方法，得出全省土地调查困难影响分级结果，详见附件六现状调查困难影响等级确定表、附件七变更调查困难影响等级确定表。

第四节 建立土地调查经费测算数学模型

分别建立取费标准数值确定和全省困难影响因素标准化的数学模型。

一、基于层次分析法的取费标准计算模型设计

(1)对各个影响因素打分,确定系数及上、下限范围。

把工作项类别按工作程度1划分相对比例,进而区别不同工作项类别的影响程度。以一个工程类别为标准取满分1,其他的工作项类别以这个工程类别为标准取值。根据传统经验确定系数值及上、下限范围。

(2)根据样点区数据计算不同工作项类别的组合权重 N。

$$N_1 = (W_{11} + W_{21} + \cdots + W_{n1})$$

$$N_2 = (W_{12} + W_{22} + \cdots + W_{n2})$$

$$\cdots\cdots$$

$$N_5 = (W_{15} + W_{25} + \cdots + W_{n5})$$

(3)根据样点区数据求算出各项费用所占总费用系数 β。

$$\beta_{19} = (Q_{11} + Q_{12} + \cdots + Q_{18})$$

$$\beta_{29} = (Q_{21} + Q_{22} + \cdots + Q_{28})$$

$$\cdots\cdots$$

(4)以上权重系数与各项费用变化幅度系数乘积之和,再做加权平均。根据以上方法,计算得出各困难级别费用的权重系数。

$$W = \sum_{i=1}^{n} A_i W_i$$

其中:

W——样点区预算基础费用标准值;

W_i——评价对象的 i 工作项权值；

A_i——指工作项费用的权值。且：

$$\sum_{i=1}^{n} A_i = 1, 0 < A_i \leqslant 1$$

二、困难影响因素标准化数学模型

黑龙江省困难影响因素标准化数学模型的构建详见本章第三节第四部分内容。

第五节 编制农村土地调查项目取费标准

一、基础标准值困难级别的确定及其他级别预算费用系数的确定

(一)基础取费标准值打分

首先需要计算困难影响综合指标分值,计算方法参阅本章第三节第五部分内容。

根据预算标准值确定的样区,按照土地调查困难影响的综合情况,确定综合指标分值为2.5,查表确定预算定额标准值2073.17元/千米^2,为三级困难级别,所以基础预算取费标准值为三级困难级别2073.17元/千米^2。

同理,确定变更调查的基础预算取费标准值为三级困难级别130.56元/千米^2。

(二)基于专家评分法确定其他困难级别预算费用系数

1. 专家评分法概述

专家评分法也是一种定性描述定量化方法,它首先根据评价对象的具体要求选定若干个评价项目,再根据评价项目制订出评价标准,聘请若干代表性专家凭借自己的经验按此评价标准给出各项目的评价分值,然后对其进行结集。

专家评分法的特点如下。

(1)简便。根据具体评价对象,确定恰当的评价项目,并制定评价等级和标准。

(2)直观性强。每个等级标准用打分的形式体现。

(3)计算方法简单,且选择余地比较大。

(4)将能够进行定量计算的评价项目和无法进行计算的评价项目都加以考虑。

2.运用专家评分法确定影响幅度差的主要影响因素步骤

运用专家评分法确定影响幅度差的主要影响因素步骤如下。

(1)确定工程类别和权数

选取其他困难级别样点区的费用数据,结合其本身的特点分析,根据其区域困难影响状况,各项费用变动增减幅度是不一样的,专家确定根据各项不同费用对总体影响幅度差的相对重要性,分别确定其权数,且权数之和为1。

(2)划分等级

专家将每个工程的工作项划分多个等级,并为各等级赋予定量数值,用与判断本项目因素的各个不同类别的工作项在不同的影响因素中所占等级。如可划分为影响最大、影响大、影响较大、影响一般、影响较小、影响小、影响最小7个等级可按1,0.8,0.6,0.5,0.4,0.3,0.1打分,每一个等级对应一个分值。这样每一个权数刚好对应一个等级的分值。

(3)计算影响因素总分

将各个不同类别的费用权数与对应的等级分别相乘,求出该工程类别得分。

各项不同工程类别的得分之和即为此项目因素总分。

(4)主要影响因素的确定

将项目因素总分与已确定的三级困难级别的基础取费标准值1作比,得出其他级别的变动幅度系数,采用和积法求其他困难级别的系数。土地利用现状调查预算级别费用权重系数,如表23所示。土地变更调查预算级别费用权重系数,如表24所示。

表23 土地利用现状调查预算级别费用权重系数

困难级别	Ⅰ	Ⅱ	Ⅲ	Ⅳ	Ⅴ
系数	0.6	0.8	1	1.25	1.7

表 24 土地变更调查预算级别费用权重系数

困难级别	Ⅰ	Ⅱ	Ⅲ	Ⅳ	Ⅴ
系数	0.7	0.85	1	1.4	1.8

二、土地现状调查及土地变更调查综合预算标准

(一)土地现状调查及土地变更调查预算标准综合表

利用"土地利用现状调查预算级别费用权重系数"与《黑龙江省土地利用现状调查基础取费标准表》,计算出土地利用现状调查综合预算标准(详见附件八土地利用现状调查预算标准综合表)。

利用"土地变更调查预算级别费用权重系数"与《黑龙江省土地利用变更调查基础取费标准表》,计算出土地变更调查综合预算标准(详见附件九土地变更调查预算标准综合表)。

(二)使用综合预算表的注意事项

1.用查表法,按照土地困难级别及工程项目所涉及的工作项进行组合使用,计算出工程项目预算额度。

2.项目周期<24个月,综合预算按本标准降低5%。

3.24个月≤项目周期<36个月,综合预算按本标准提高15%。

4.项目周期≥36个月,综合预算按本标准提高30%。

5.本预算标准中暂缺的工作手段内容,可参考使用相关行业预算(费用)标准。没有可参考使用的行业标准时,可按照《国土资源调查专项资金管理暂行办法》的有关规定,根据实际情况和有关资料自行测算确定,使用时应说明并附测算依据。

6.本预算标准将根据社会经济水平,土地调查工作的开展,新技术、新方法、新工作手段的应用,以及其他有关情况及时修订。

7.备注:工地现状调查及土地变更调查综合预算标准涉及的相关税率及简易综合计价税率,详见本书第二章第一节的相关内容。

三、取费标准确定

对各阶段的研究成果进行整理、汇总,形成最终的黑龙江省农村土地利用现状调查取费标准和黑龙江省农村土地利用变更调查取费标准。

土地利用现状(变更)调查取费额度＝基准价×调查面积×动态调整系数

×(1＋附加浮动幅度)

(一)基准价的确定

按照查表法,根据被调查区域的困难级别、实际开展的工作项,确定每平方千米的现状(变更)调查基准价。

(二)调查面积的确定

以实际调查面积为准。

(三)动态调整系数的确定

国际上,通常用物价指数来分析物价变动对国民经济与人民生活的影响。物价指数亦称商品价格指数,是反映各个时期商品价格水准变动情况的指数,是一个与某一特定日期一定组合的商品或劳务有关的价格计量。

我国物价指数由国家统计局统计公布,通常包括商品零售价格指数、居民消费价格指数、城市居民消费价格指数、农村居民消费价格指数、固定资产投资价格指数等指标。根据各项指标的含义,选取居民消费价格指数作为土地利用现状(变更)调查编制取费动态调整系数。黑龙江省第二次土地调查于 2007 年 7 月 1 日启动,并以 2009 年 12 月 31 日为标准时间汇总农村土地调查数据,鉴于本次研究补充调查数据为 2010 年、2011 年、2012 三个年度,确定黑龙江省土地利用现状(变更)调查编制取费的动态系数基期为 2013 年,计算公式为:

动态调整系数＝$CPI_{2014}/100 \times CPI_{2015}/100 \times CPI_{2016}/100 \times \cdots \times CPI_n/100$

其中:

n——土地现状(变更)调查开展年;

CPI_n——公布的环比居民消费价格指数。

（四）附加浮动幅度的确定

由于政策、技术、实际调查内容、作业单位性质或不可抗力等不可预见的因素影响，土地（变更）调查的最终取费情况存在不可预见费用的可能。按照以上的研究分析和《国土资源调查专项资金管理暂行办法》等有关规定，经综合分析确定附加调整系数的取值为±0.05～±0.3。测算需增加的费用时，由预算编制单位与国土资源管理部门、财政部门根据实际增加或减少工作量确定适当的附加调整系数，原则上不得超过这一调整范围。其中，项目周期<24个月，综合预算按本标准降低5%。24个月≤项目周期<36个月，综合预算按本标准提高15%。项目周期≥36个月，综合预算按本标准提高30%。企业简易综合计价税率8.22%。其他情况，具体问题具体分析。

第四章 研究成果应用验证

第一节 应用验证

选择依安县、建华区作为验证区,利用黑龙江省农村土地利用变更调查取费标准测定预算。

一、验证前的准备

(一)验证区基本情况

1. 依安县

(1)地理位置

依安县位于黑龙江省西部,小兴安岭西南麓,松嫩平原北缘,齐齐哈尔市东北部,地理坐标为东经124°50′~125°42′,北纬47°16′~48°20′,东与拜泉县分界,西与富裕县为邻,北与克山县、讷河市毗连,南与林甸县、明水县接壤。

(2)地形地貌

依安县地势东北高,西南低,位于克拜波状平原和松嫩平原过渡地带。地形由东北向西南缓缓倾斜,北部丘陵地区海拔280米,中部乌裕尔河流域河滩地带海拔160米,平均海拔220米。

(3)经济概况

2013年,依安县地区生产总值实现 643 973 万元,同比增长 7.5%。其中第一产业增加值实现 305 198 万元,同比增长 4.6%;第二产业增加值实现 176 027 万元,同比增长 16.1%;第三产业增加值实现 162 748 万元,同比增长 4.0%。人均地区生产总值实现 13 039 元,同比增长 8.2%。三大产业比重为 47.4∶27.3∶25.3。

(4)交通概况

依安县域交通网络系统已经基本形成,齐北铁路、碾北公路横贯县域东西,依明公路纵贯南北,构成县域的骨干交通网络。各乡、镇之间均有公路连接,具备了较好的基础条件。

2.建华区

(1)地理位置

建华区位于齐齐哈尔市城区北部,北濒富裕县,西与梅里斯雅尔赛隔江相望,东、南分别与铁锋、龙沙区接壤。

(2)地形地貌

建华区内地势平坦,以胡家泡子为界,分为东、西两部分,东高西低,东部为沙丘,西部为嫩江低漫滩。

(3)经济概况

在改革开放的推进下,建华区全面加快了城乡发展一体化、城乡经济产业化、城乡管理规范化和改造开发老城区进程。工业、农业、第三产业、个体私营经济、城乡开发改造全面提速,教育、文化、卫生、环境保护、社会治安综合治理等多项工作在全市保持领先。建华区作为齐齐哈尔市的招商引资先导区、开发改造重点区、生态园林特色区正在全面崛起,古老的卜奎城加快了向现代化城区迈进的步伐。

(4)交通概况

建华区交通十分便利。水路、公路、铁路纵横交错、四通八达。301国道、111国道、碾北公路横贯区境,西踞嫩江大桥咽喉,北占齐黑公路要地,堪称市内西、北两大门户,卜奎大街、文化大街、中华路、龙沙路等全市主干道在城区内形成了三纵三横的公路交通网络。每年初夏至金秋季节,嫩江河道上水运繁忙,沿江可上至嫩江,下至哈尔滨。民航可直达北京、上海、广州等重要城市。

(二)验证区变更调查基本情况

依安县、建华区 2013 年度变更调查的基本情况如表 25 所示。

表 25 验证区基本情况表

序号	样点区名称	面积(平方千米)	变更调查投入(万元)	变更调查单价(元)	作业单位	备注
1	依安县	3 581.6	12.400	34.62	齐齐哈尔市国土资源勘测规划设计院有限公司	
2	建华区	120.6	1.096	90.88	齐齐哈尔市国土资源勘测规划设计院有限公司	

本次对依安县、建华区 2013 年变更调查费用的统计是在 2014 年年初进行的,鉴于变更调查相关的外业工作未全部结束,故两个辖区 2013 年变更调查的最终投入值会较上表高一些。

二、验证区变更调查实际成本

收集依安县、建华区 2013 年度变更调查的实际成本,按照 21 个工作项进行统计。

三、利用取费标准测算样本区变更调查预算

在"变更调查困难影响等级确定表"中查得依安县变更调查的预算级别为 Ⅰ 级,建华区变更调查的预算级别为 Ⅳ 级,按照预算级别,在"土地变更调查预算标准综合表"中查询依安县、建华区相关工作项所需的各项财务科目预算单价。

两个辖区在 2013 年度的变更调查工作中资料收集和数据购买均未发生费用,所涉及的工作项均包括方案制定、人员培训、试点开展、工作准备、底图制作、外业调查、调查数据整理、调查数据检查、调查数据录入、内业计算、外业核查、修改、修改数据检查、数据确认、确认数据录入、图件编绘、成果检查、报告编写、成果验收。按照这些工作项,分别填写依安县、建华区的预算明细表,最后汇总成两个辖区的预算总表。

四、变更调查取费标准验证结论

(一)验证结果

经验证,截至 2014 年 3 月,依安县 2013 年度变更调查实际支出 12.400 万元,利用查表法计算得出的依安县变更调查预算为 31.446 万元,相差 19.046 万元;建华区 2013 年度变更调查实际支出 1.096 万元,利用查表法计算得出的建华区变更调查预算为 2.118 万元,相差 1.022 万元。

(二)差异分析

1. 主要差异

将依安县、建华区 2013 年度变更调查实际支出与查表法预算之间差异进行分析,发现两个辖区在方案制定、人员培训、试点开展、工作准备、底图制作、调查数据整理、调查数据检查、调查数据录入、内业计算、修改、修改数据检查、数据确认、确认数据录入、图件编绘、成果验收工作项中,其实际支出与查表法预算差异不大。但在外业调查、外业核查、数据检查、成果验收工作项中,二者之间的差异较大,依安县这 4 个工作项的实际支出比查表法预算共少 16.89 万元,占差异总额的 89%;建华区这 4 个工作项的实际支出比查表法预算共少 1.0386 万元,与差异总额仅相差 166 元。

2. 差异原因

(1)每年度的变更调查时间跨度较长,一般外业相关的工作会持续到下一年度的上半年,在本次应用验证时,两个辖区尚有部分工作需要收尾,还会发生一定的费用支出。

(2)查表法先根据所在区域的困难度,确定其困难等级;而实际项目支出由于之前未有土地变更调查项目的相关研究,未考虑其所在区域的困难影响因素。

(3)查表法根据项目实施的区域面积,再乘以其所在预算级别的单位成本,最终得出总成本;而实际项目支出未有预算参考,只是根据工作中预估的工作项和工作量,通过预先上报项目预算而执行。

（4）查表法是结合工作项及费用科目，合理地分配各项费用所占工作项的比例构成预算标准，再结合项目的实际区域面积计算总成本；而之前的实际项目支出未考虑各项费用与工作项之间的配比。

(三)验证结论

经验证，查表法经过科学并且严格的测算，所以预算金额较科学合理。

第二节 与相关行业相近工作的比较

由于土地利用现状调查、变更调查具有非常高的专业性，且目前在国土资源系统内部尚未出台相类似的取费标准，故只能选择相关行业相近工作进行简单的比较。

一、与《国土资源调查预算标准》的比较

为加强国土资源调查专项资金管理，提高资金使用效益，保证国土资源大调查工作的顺利实施，根据国家和部门有关制度、办法及规定，结合国土资源调查项目预算管理要求，财政部会同国土资源部组织制定了《国土资源调查预算标准（地质调查部分）》。其预算标准包括人员费、专用仪器设备费、劳动保护费、外协费、管理费等。

(一)工作项比较

在《国土资源调查预算标准（地质调查部分）》中，工作手段预算标准包括地形测绘、地质测量、遥感地质、物化探、钻探、山地工程（坑探、浅井、槽探）、岩矿试验、其他地质工作、工地建筑等。与本次研究所划分的土地调查的21个工作项相比，仅地形测绘具有一定的相关性。

(二)预算标准比较

在《国土资源调查预算标准（地质调查部分）》中，地形测绘主要包括两方面，一是地形测量，二是制图。

1. 与地形测量预算标准比较

(1)预算标准

《国土资源调查预算标准(地质调查部分)》中的地形测量预算标准如表 26 所示。

表 26 地形测量预算标准

比例尺	困难类别(单位:元/千米²)				
	Ⅰ	Ⅱ	Ⅲ	Ⅳ	Ⅴ
1∶10 000	1 678	2 182	2 945	4 123	6 185
1∶5 000	2 860	3 717	5 019	7 010	10 515
1∶2 000	8 079	10 503	14 180	19 805	29 707
1∶1 000	12 449	16 183	21 847	30 586	45 879
1∶500	18 598	24 177	32 638	45 694	68 542

与本次研究所对应的比例尺应为 1∶10 000，Ⅰ至Ⅴ级的预算标准分别为 1 678 元/千米²、2 182 元/千米²、2 945 元/千米²、4 123 元/千米²、6 185 元/千米²。对应本次研究的外业调查工作项(现状调查)，Ⅰ至Ⅴ级的预算标准分别为 502.61 元/千米²、670.15 元/千米²、852.49 元/千米²、1 065.61 元/千米²、1 449.23 元/千米²。经对比，《国土资源调查预算标准(地质调查部分)》中的地形测量预算标准远远高于黑龙江省农村土地利用现状调查取费标准中外业调查的预算标准，前者的各个等级是后者的 3 倍有余。

(2)差异原因

经分析，二者产生如此大的差异主要有两个原因。

一是工作内容有差别。地形测量的工作内容主要包括踏勘、选点、埋石、造标、量距、观测、计算、资料整理、基本控制测量、图根控制测量、测图、绘图并提供 100 份以内印刷纸图等。外业调查的工作内容主要包括调查土地的权属状况、调查基本农田情况、调查线状地物形态状况、调查图斑及零星地物、补测地物并制作坡度图、测算田坎系数、计算田坎影响、标绘调查底图并填写手簿等。两者主要目的都为测量，但前者工作量、工作难度远远大于后者。

二是困难类别划分有差别。地形测量困难类别划分如表 27 所示。

表 27 地形测量困难类别表

困难类别	特 征 说 明
I	①平地或比高在 100 米以内的丘陵区，地貌基本完整 ②地物较少的地区，建筑物面积在 20% 以内，行人车辆较少的城镇工厂区 ③通视条件好 ④交通比较方便
II	①比高在 100~200 米，有少量冲沟雨裂，挖掘开采区 ②人工建筑物较多的地区，建筑物面积在 30% 以内，行人车辆较多的城镇工矿区 ③20% 面积有高秆作物、林地 ④通行有困难的水网、沼泽、梯田区
III	①海拔 1 500~2 000 米，比高在 200~300 米，梯田密集无规则，地貌较复杂 ②农村居民地密集地区，人工建筑物较多、较乱的工矿区，一般等待可持续作业的城镇工矿区 ③蒿草、高秆作物大面积连片、林木覆盖率在 40% 以内 ④测区内存在车辆难以通行的水网、沼泽、沙漠地区
IV	①海拔 2 000~2 500 米，比高在 300~400 米，挖掘开采区、冲沟雨裂密集区、地貌破碎的山区 ②中等发达城镇，行人车辆来往频繁，街巷深窄，影响正常作业的城市工矿区 ③蒿草、高秆作物，森林覆盖率在 60% 以内 ④测区内车辆不能到达，通行完全靠步行的地区
V	①海拔 2 500 米以上，比高在 400 米以上，地貌特别破碎的高山区、冲沟雨裂特别密集的地区、特别复杂的石林、石峰地区等 ②发达城市区，管线纵横交错，行人车辆密度高，严重影响正常作业的城市工矿区 ③通视极困难，灌木林、高秆作物、森林覆盖率在 60% 以上 ④交通特别困难的悬崖陡壁，石林、石山较多地区，密集的带刺灌木林、多层植被密集区，极难通行的喀斯特区

地形测量困难类别划分考虑了地形地貌、地物数量、通视条件、交通条件等因素。本次研究困难类别划分考虑了行政区规模、地形地貌、交通状况、图斑＋线状地物密度、权属单位密度、界址点密度、影像资料分辨率、物价水平、工资水平等因素。

（3）比较结论

经比较，本次研究的困难影响因素考虑更为全面、科学，更加适合土地调查项目，预算级别划分合理，预算费用单价设置合理。

2. 与制图预算标准比较

（1）预算标准

《国土资源调查预算标准（地质调查部分）》中的制图预算标准如表 28 所示。

表 28 地形图编绘预算标准

	比例尺	困难类别(单位:元/幅)				
		Ⅰ	Ⅱ	Ⅲ	Ⅳ	Ⅴ
地形图编绘	1:5 000	3 406	4 063	4 919	6 031	7 717
	1:10 000	4 505	5 486	6 764	8 425	10 942
	1:25 000	6 525	8 107	10 171	12 851	16 913
地理底图编绘	1:5 000	736	999	1 404	1 864	2 563
	1:10 000	1 081	1 516	2 124	2 831	3 826
	1:25 000	1 828	2 007	3 588	4 931	6 712
	1:50 000	2 260	2 984	4 385	6 006	7 801
	1:100 000	2 879	4 083	5 792	7 784	10 162
	1:250 000	3 057	4 503	6 405	8 956	11 823
	1:500 000	3 055	4 906	6 988	9 535	12 436
	1:1 000 000	3 460	6 427	9 369	12 565	16 856

与本次研究所对应的比例尺应为1:10 000,对应的工作内容是地理底图编绘,Ⅰ至Ⅴ级的预算标准分别为1 081元/幅、1 516元/幅、2 124元/幅、2 831元/幅、3 826元/幅。对应本次研究的底图制作(现状调查)工作项,Ⅰ至Ⅴ级的预算标准分别为11.73元/千米^2、15.65元/千米^2、19.9元/千米^2、24.88元/千米^2、33.83元/千米^2,以一个行政区面积中等的辖区计算(面积2 300平方千米),Ⅰ至Ⅴ级每幅图的预算标准为26 979元、35 995元、45 770元、57 224元、77 809元。《国土资源调查预算标准(地质调查部分)》中的地理底图编绘预算标准远远低于黑龙江省农村土地利用现状调查取费标准中底图制作的预算标准。

(2)差异原因

经分析,二者产生如此大的差异主要有两个原因。

一是工作内容有差别。地理底图编绘的工作内容主要包括资料搜集、展点、拼贴、编绘、照相、填表、整饰、校验、印刷全过程。底图制作的工作内容主要包括资料收集、原始影像购置、影像纠正、配准、融合、镶嵌、调色、裁切、分幅图制作、图廓整饰等。两者主要工作都为制图,但后者的工作量、工作难度、制图精度、对机器设备的要求、对软件的要求远远大于前者。

二是困难类别划分有差别。地理底图编绘困难类别划分如表29所示。

表29 地理底图编绘困难类别

困难类别	特 征 说 明
Ⅰ	①地形平坦、等高线图形简单、土壤植被单一、符号简单的地区,或有大片沙漠、戈壁、草原、沼泽、森林的平坦地区 ②有少量简单图形的居民地、线状地物稀少、有零星独立地物的地区,或有少量坎子、河流的大片水田地区
Ⅱ	①平缓的丘陵区,山脚或居民地与线状地物稀疏、有少量独立地物或勘探工程的地区 ②水网中有稀疏的河滩、沙地、沼泽或少量沙丘的平坦沙地或高原风蚀残丘区
Ⅲ	①轮廓简单的街区及少量散列房屋的居民地,道路网中等密度,有少量路堤、路堑的丘陵地区 ②地貌切割中等,有部分断崖雨裂,并有轮廓较简单的土壤、植被分布的中山区 ③水网密度中等且有少量围堤,水工建筑物且有其他独立地物的平坦地区,或居民地、道路网较稠密的平坦地区 ④中等密度的小沙丘地、多垄沙地、新月形沙地或海滩、沼泽、芦苇地区或勘探工程较多的山地或田坎较多的平地
Ⅳ	①居民地面积较大的城镇和工矿区,独立地物较多、线状地物较密的地区 ②地物切割剧烈,断崖、雨裂多,水系稠密的地区,或分布密集的沙丘、沙垄或新月形沙地的地区 ③水网交错复杂、水工建筑细小且多,或有大量的河流岔道、牛轭湖及小湖泊、池塘密布的丘陵地区 ④道路网发达、田坎稠密的丘陵地区或勘探工程密布的山地,或居民地、道路网稠密、沟渠呈网状分布的平坦地区
Ⅴ	①居民地、水系很密,道路网发达的人烟稠密区或城市地区 ②地貌切割得很剧烈,地形破碎、水网发达地区,或山坡陡峻、多岩石的山脊断崖、冰河很多的高山地区 ③支流很多的大河三角洲,水网稠密复杂、水工建筑密集的地区 ④农村居民地密布,独立地物很多,田坎密集的山区丘陵区 ⑤勘探工程密布,并有大量采掘地、矿渣堆的山地丘陵区 ⑥铁路、双线道路、路堤、路堑密集,并有很多独立地物或复杂植被的地区

地理底图编绘困难类别划分考虑的主要因素是地形地貌。本次研究困难类别划分考虑了行政区规模、地形地貌、交通状况、图斑+线状地物密度、权属单位密度、界址点密度、影像资料分辨率、物价水平、工资水平等因素。

(3)比较结论

经比较,本次研究的困难影响因素考虑更为全面、科学,更加适合土地调查项目,预算级别划分合理,预算费用单价设置合理。

二、与《测绘生产成本费用定额》的比较

为了进一步规范测绘事业单位预算管理,准确编制预算,监督预算执行,加强测绘生产成本费用核算,提高资金使用效益,结合《测绘事业单位财务制度》《测绘事业

单位会计制度》,制定《测绘生产成本费用定额》。

(一)工作项比较

在《测绘生产成本费用定额》中,工作手段预算标准包括大地测量、摄影测量与遥感、地形数据采集与编辑、地图编制、数据入库、界线测绘、工程测量、海洋测绘与江湖水下测量等。与本次研究所划分的土地调查的 21 个工作项相比,仅摄影测量与遥感、数据入库部分具有一定的相关性。

(二)预算标准比较

在《测绘生产成本费用定额》中,摄影测量与遥感中的卫星数字正射影像图制作(比例尺 1:10 000)工作是与本研究相关的工作内容。成本定额共分为三个级别,立体影像数据三个级别每幅图单价分别为 1 070.05 元、1 313.17 元、1 821.11 元;多光谱数据三个级别每幅图单价分别为 802.53 元、1 050.53 元、1 300.80 元;全色或单波段数据三个级别每幅图单价分别为 401.29 元、525.27 元、650.41 元。

在《测绘生产成本费用定额》中,数据库入库中的正射影像数据库入库(比例尺 1:10 000)工作是与本研究相关的工作内容,每幅单价 139.11 元。

(三)比较结论

经比较,《测绘生产成本费用定额》中的数字正射影像图制作(比例尺 1:10 000)工作、正射影像数据库入库(比例尺 1:10 000)工作的预算费用较本次研究高出许多。主要原因是,定额是指单位工程的成本标准,是编制项目预算的依据,内容全面,要求准确,一般采取实测和计算取得相关的数据,包括人员费、机械费、材料费、间接费用、税金、不可预见费用等。取费标准中不需要机械费、间接费用等,只计算与土地调查直接相关的费用。

第五章　存在的问题及解决办法

第一节　存在的问题

一、取费标准和定额标准的界限模糊

项目实施初期,研究的内容是黑龙江省土地调查定额标准,有专家提出:定额标准研究和取费标准研究的概念、技术路线等内容均不同,本项目的研究应为取费标准研究。定额是指单位工程的成本标准,是编制项目预算的依据,内容全面,要求准确,一般采取实测和计算取得相关的数据,包括人员费、机械费、材料费、间接费用、税金、不可预见费用等。定额标准3~4年应调整一次。取费标准是指管理单项工程或项目应收取的费用,一般通过实地调查和典型测算取得。取费标准根据调查的评估取得相关数据,比定额制定要求简单,内容少一些。

二、困难影响分析涉及的主要因素不全面

项目中期检查时发现,在现状调查困难影像因素分析时,仅对地形地貌、交通状况(路网密度)、图斑+线状地物密度、权属单位密度、界址点密度、影像资料分辨率、物价水平、工资水平等几个因素进行了分析,在变更调查困难影响因素分析时,仅对

地形地貌、交通状况（路网密度）、综合变化量、权属变化量、基础资料状况、影像资料分辨率、物价水平、工资水平等几个因素进行了分析，均未考虑行政区规模的影响。黑龙江省各县级单位受地理、经济条件等因素的影响，行政区规模有较大差别，一般来说，行政区面积越大，土地现状调查及变更调查的难度越大。

三、缺少成果应用验证及与相关工作的比较

该项目成果初步形成后，尚缺少实例与数学模型相互验证的过程，成果的实用性有待验证。同时，相关行业已有的定额标准，与该项研究的成果相差较大，未分析具体原因。

第二节 解决办法

一、确定研究主题为土地调查取费标准研究

结合该项目立项建议书及实施方案，并充分参考专家的意见，经认真讨论，确定该项目的研究主题为土地调查取费标准研究，修改相关的研究报告及图表。

二、困难影响因素增加行政区规模

本研究所指的行政区规模是指黑龙江省132个县（市、区）级单位的行政区域总面积。在现状调查、变更调查的困难影响因素中增加行政区规模，重新构建土地调查困难类别影响因素体系，进行补充调查，对全省土地调查困难影响因素进行标准化，得出最新、最准确的土地调查困难影响综合值，同时修改其他相关的成果。

三、进行成果应用验证及与相关工作的比较

选择验证县(市、区),收集其变更调查实际发生的费用,基于本项目的研究成果,利用查表法计算该县(市、区)的取费标准,将二者进行比较,验证数学模型推导出来的结果。同时,选取相似工作项的取费标准,与测绘定额进行比较,对比较结果进行充分分析。

第六章　创新与建议

第一节　创　新

一、构建了符合土地调查困难类别综合评价指标体系

根据土地调查的特点和影响因素,从土地调查专业性角度出发,构建影响项目区土地调查取费差异的定量化指标体系,综合确定取费标准,具有较强可操作性的同时,使土地调查取费标准更加科学、合理。

二、开展了困难影响因素的补充调查

利用现有的覆盖全省132个县(市、区)的土地利用现状数据库,对无法直接获取的困难影响因素开展补充调查,按县级单位统计汇总图斑量、权属单位数量、图斑现状地物密度、界址点密度等,使全省土地调查困难影响因素研究更加深入、科学。

三、开展了针对土地调查取费标准编制方法的研究

本书从预算造价管理科学和实测原始数据的特点出发,对黑龙江省土地调查取

费标准的编制方法进行研究,并构建一种可推行和使用的方法模型,能更加真实反映生产管理水平,为整个取费标准体系的合理编制奠定坚实的基础。

本书研究黑龙江省土地调查工程取费的编制方法,在分析取费标准的编制方法的基础上,通过对项目实施过程的研究,首次将项目工程所涉及的费用及工作项、工作内容相结合,利用施工过程研究其基本工作(正常负荷)时间及总体幅度差影响因素研究,确立一个相对完善的基础数据体系,对通过外业收集到的原始数据进行统计与整理;阐述了人员费标准预算值的编制基础,通过专家评分法归结出影响土地困难影响类别和困难影响因素下的黑龙江省土地调查工程项目的综合预算标准。

四、建立了土地调查预算量化的计算模型

运用层次分析法建立黑龙江省土地调查取费总体幅度差系数的计算模型,实现了对众多复杂因素的量化处理,并量化出一个具体的总体幅度差系数值,建立逻辑关系,将参数之间的相互关系用数学符号表示出来,计算出基础取费标准值,为黑龙江省土地调查取费标准计算提供理论依据和操作方法;最后结合黑龙江省样区数据补充研究,运用构建的计算模型进行实证分析,验证该模型依托理论的科学性和模型本身的可行性。

五、对土地调查工作项进行了细分

首次将黑龙江省土地调查工作按项目进行细分,土地调查工作分为21个大类的工作项,其中土地利用现状调查为45个工作内容,土地变更调查为51个工作内容,各个承担项目单位可以根据本次项目的实际工作目的、内容和要求,在预算表中先选取工作项进行组合,然后将工作项按照综合取费预算表所对应的预算费用明细科目填写预算表,从而简洁、明了、快速地完成土地调查项目的预算填报工作。

第二节 建 议

一、困难类别判定体系制定与应用建议

（一）土地调查标准应具有可操作性

就土地调查取费标准研究而言，可操作性是指取费标准对未能预知的外来影响冲击的适应能力。土地调查取费受实施主体、购买主体、地区特点、综合变化情况、技术手段、地方经济水平等多种因素的影响和制约，标准的制定需要给决定因素留有一定根据实际情况变动的空间。根据黑龙江省土地调查取费标准研究思路，在土地调查困难类别划分时，要具有可操作性。

（二）加强体系运行过程中的动态管理

判定体系中的部分指标是动态的，会随着时间、要求等的变化而变动。虽然此次以第二次土地调查和 2010 年、2011 年、2012 年度变更为研究基础而制定的困难类别判定体系考虑到了该变动的影响，但土地调查年限为 10 年，到第三次、第四次土地调查时，其准确度将会有较大偏差，因此，需要对指标体系做进一步的改进和修正，土地调查取费标准体系才能持续使用。

（三）建立困难类别判定体系有效应用的保障制度

困难类别判定体系对土地调查取费标准有直接影响，其正确运用事关黑龙江省土地调查取费标准成果的科学性和合理性。设置实施土地调查预算上报审查制度，在土地调查取费标准首次推广应用中，要求各地在土地调查、变更调查中增加土地取费参数确定的依据，政府在批准预算时要加强对取费标准合理性的审查。

二、开展相关的取费标准研究

目前,黑龙江省在城镇(村庄)土地调查领域尚未开展过取费标准的研究,国家层面也没有出台相关的预算测定依据,在实际工作中,也存在实际收费与工作量和难易程度不匹配,个别机构压价竞争和主观协商定价等情况,影响了从业队伍及市场的规范健康发展,也影响到了项目成果的质量和工作进度。因此,为规范黑龙江省土地调查服务收费,促进土地调查业务健康有序发展,须开展黑龙江省城镇(村庄)土地调查取费标准研究等相关的研究工作。

第七章 结 论

第一节 研究结论

黑龙江省土地利用现状调查和土地变更调查工作技术路线正确,技术方法符合规程并有创新,各类面积统计与控制面积吻合,地类认定、图斑划分、线状地物宽度、飞地调查正确,各类数据准确,成果完整且真实可靠。

在经过大量人力物力投入后形成了二次土地调查的成果数据库,这个成果对于地理信息数据的统一具有非常重要的意义,将是社会主义经济建设的基石和保障,但地理数据存在的时间特征决定了二次调查的成果必须不断进行更新才能更好地服务于社会主义建设,因此土地调查非常有必要持续下去,这样才能使二次调查的成果更有意义,才能使这个成果更好地服务于国家的决策和促进社会主义的现代化建设。

通过对选定样点区的土地利用现状调查及土地变更调查的财务报表中的15大类预算科目、36个子明细科目有关项目的数据进行分析,可以从差异中及时发现问题,查找原因,改进工作。各样点区的财务报表项目的比较,能够反映出各项数据的变化及动态,有利于对投入的经费进行剖析。运用财务核算、预算及审计等手段,对选取的样点土地调查经费投入情况进行计算,逐项落实经费投入情况,在此基础上,进行合理分析,剔除过高或不合理支出,形成土地调查经费支出的合理取费标准。研究结果将使土地调查项目的实施更加顺利和规范。

第二节　取费标准预算表的应用

一、基本应用

《黑龙江省农村土地利用现状调查取费标准》和《黑龙江省农村土地利用变更调查取费标准》由总则、取费标准确定、附则、附件组成。其中,取费标准确定部分给出了农村土地利用现状(变更)调查的计算公式。各个项目承担单位和预算编制、审批单位可按照查表法,在《现状(变更)调查困难等级确定表》中,确定需制定预算的行政辖区的预算级别,然后,按照该辖区的预算级别,在《土地利用现状(变更)调查预算标准综合表》中,根据实际工作目的、内容和要求,选取相应的工作项进行组合,求和得出完成该行政辖区每平方千米的现状(变更)调查的基准价。最后,按照公式计算得出相关行政辖区的土地现状调查取费标准或变更调查取费标准。

二、特殊情况的应用

当预算明细表中的项目不能直接套用预算定额时,就产生了取费标准的换算。

(一)取费标准换算原则

(1)土地调查项目的工作项中未涉及的工作项或工作内容,根据或参照类似工作项目或工作内容选定。

(2)取费标准中所有明细项目已考虑工时(常规项目工作工时),但如果所承担的项目有特殊要求或超过常规工时量时,可按取费标准中各项标准增加的工时乘以工作量获得。

(3)必须按取费标准中的各项规定换算。

(二)取费标准换算

(1)系数换算:按规定对人工费、设备费、办公费乘以各种系数的换算。

(2)其他换算:除上述情况以外的取费标准换算。

各项系数参照土地现状调查困难影响因素权重表、土地变更调查困难影响因素权重表(表18,表19)。

超出以上范围的,引入附加浮动幅度进行调整。

附件一 样点区现状调查跟踪监测样表

附表 1-1 现状调查基本情况表

序号	内容	填写具体内容	备注
1	工程项目名称		
2	整理时间		
3	整理单位名称		
4	工程项目承担单位名称		
5	工程项目承担单位性质		
6	工程项目承担单位资质		
7	项目所在地		
8	综合条件		
9	工程项目执行财务制度		
10	工程项目执行的技术标准		
11	工程项目比例尺		
12	工程项目规模		
13	工程项目实际总费用		
14	工程项目实际单价		
15	案例编号		
16	其他		

附表1-2 现状调查财务分类表

工程项目名称：　　　案例编号：

序号	实际工程项目支出科目归结支出费用的名称	实际工程项目支出科目归结支出费用的对应关系		实际工程项目支出金额（万元）	实际工程项目支出科目发生金额（平方千米）	实际工程项目支出科目金额占总费用金额比例（%）	实际工程项目支出费用小结的金额与比例
		序号	实际工程项目发生的支出科目名称				
1	人员费	1	基本工资				
		2	津贴补贴				
		3	奖金				
		4	社会保障金				
		5	伙食补助费				
		6	绩效工资				
		7	其他福利工资支出				
2	办公费	8	办公费				
		9	手续费				
3	印刷费	10	印刷费				
4	水电费	11	水费				
		12	电费				
5	邮电费	13	邮电费				
6	交通费	14	其他交通工具运行维护				
7	差旅费	15	差旅费				
8	会议费	16	会议费				
9	培训费	17	培训费				
10	专用材料和专用燃料费	18	专用材料费				
		19	专用材料燃料费				
11	咨询劳务费	20	劳务费				
12	委托业务费	21	委托业务费				
13	设备购置费	22	办公设备购置				
		23	专用设备购置				
14	维修(护)费	24	维修(护)费				

附件一 样点区现状调查跟踪监测样表

续表

工程项目名称： 案例编号：

序号	实际工程项目支出科目归结支出费用的对应关系		实际工程项目支出科目发生金额（万元）	实际工程项目支出科目发生金额（平方千米）	实际工程项目每一支出科目金额占总金额比例（%）	实际工程项支出费用小小结的金额与比例
	实际工程项目发生的支出费用名称	序号	实际工程项目发生的支出科目名称			
5	其他	25	咨询费			
		26	取暖费			
		27	物业管理费			
		28	因公出国（境）费用			
		29	租赁费			
		30	公务接待费			
		31	其他商品和服务支出			
		32	房屋建筑物构建			
		33	信息网络构建			
		34	公务用车购置			
		35	其他资本性支出			
		36	其他支出			
合计						

附表 1-3 现状调查技术分类表

工程项目名称： 案例编号：

序号	工作项与工作内容的对应关系		对没有实施工作内容用"0"表示	工作项目发生的支出费用与水平关系											实际工程项目每一工作项综合强度占总工作项强度比例（%）
	工作内容名称	工作项目名称		人员费	办公费	印刷费	水电费	邮电费	交通费	差旅费	会议费	培训费	专用材料和专用燃料费	咨询劳务费	委托业务费	设备购置费	编修（护）费	其他	合计	
1	收集资料	资料收集																	
2	制定工作方案	方案制定																	
3	制定技术方案																		

续表

工程项目名称：　　　　　　　　　　　　　　　　　　　　　　　　　　　　　　案例编号：

工作项与工作内容的对应关系					工作项发生的支出费用与水平关系																实际工程项目每一工作项综合强度占总工作项强度比例(%)
工作内容名称	对没有实施工作内容用"0"表示	序号	工作项名称		人员费	办公费	印刷费	水电费	邮电费	交通费	差旅费	会议费	培训费	专用材料和专用燃料费	咨询劳务费	委托业务费	设备购置费	编修(护)费	其他	合计	
序号																						
4 购买数据		3	数据购买																		
5 培训人员		4	人员培训																		
6 开展试点		5	试点开展																		
7 准备调查资料		6	工作准备																		
8 准备调查仪器设备																					
9 制作调查工作底图		7	底图制作																		
10 调查权属		8	外业调查																		
11 调查基本农田																					
12 调查线状地物																					
13 调查图斑																					
14 调查零星地物																					
15 补测田坎																					
16 制作坡度图																					
17 测算田坎系数																					
18 计算田坎影响面积																					
19 标绘调查底图																					
20 填写手簿																					
21 整理调查数据		9	调查数据整理																		
22 检查调查数据		10	调查数据检查																		
23 录入调查数据		11	调查数据录入																		
24 接边		12	内业计算																		
25 计算面积																					
26 统计与汇总数据																					

附件一 样点区现状调查跟踪监测样表

续表

工程项目名称：　　　　　　　　　　　　　　　　　　　　　　　　　　　案例编号：

工作项与工作内容的对应关系			工作项发生的支出费用与水平关系												实际工程项目每一工作项综合强度占总工作项综合强度比例（%）
工作内容名称	对设有实施工作内容用"0"表示	序号	工作项名称	人员费	办公费	印刷费	水电费	邮电费	交通费	差旅费	会议费	培训费	专用材料和专用燃料费	咨询劳务费	委托业务费	设备购置费	编修（护）费	其他	合计	
核查地类		13	外业核查																	
检查数据库																				
编写意见																				
修改地类		14	修改																	
修改数据																				
检查修改数据		15	修改数据检查																	
检查修改数据																				
确认计算与汇总数据		16	数据确认																	
录入确认数据		17	确认数据录入																	
编绘图件		18	图件编绘																	
检查提交各项成果		19	成果检查																	
编写工作报告		20	报告编写																	
编写技术报告																				
编写专题报告																				
编写调查成果检查报告																				
预检		21	成果验收																	
验收																				
合计																				
财务合计																				

附表 1-4 现状调查困难影响分类表

工程项目名称：		案例编号：		
序号	工程项目困难影响因素名称	工程项目困难影响因素比重（％）	各因素平均情况	备注
1	地形地貌			平原、丘陵、山区各比例
2	交通状况（路网密度）			通村的道路比例
3	（图斑＋线状地物）密度（个/千米²）			
4	权属单位密度（个/千米²）			
5	界址点密度（个/千米²）			
6	基础资料状况			好（全、现势）、一般、差
7	影像资料分辨率			
8	物价水平			
9	工资水平			
	说明			

附件二　样点区变更调查跟踪监测样表

附表 2-1　变更调查基本情况表

序号	内容	具体内容	备注
1	工程项目名称		
2	整理时间		
3	整理单位名称		
4	工程项目承担单位名称		
5	工程项目承担单位性质		
6	工程项目承担单位资质		
7	项目所在地		
8	综合条件		
9	工程项目执行财务制度		
10	工程项目执行的技术标准		
11	工程项目比例尺		
12	工程项目规模		
13	工程项目实际总费用		
14	工程项目实际单价		
15	案例编号		
16	其他		

附表 2-2 变更调查财务分类表

工程项目名称：土地变更调查　　　　　　　　　　　　　　　　　　　　　　　　　　　　　　案例编号：

序号	实际工程项目支出科目归结支出费用的支出费用名称	实际工程项目支出费用的对应关系		实际工程项目支出科目发生金额（万元）	实际工程项目支出科目发生金额（平方千米）	实际工程项目每一支出科目金额占总费用金额比例（%）	实际工程项目支出费用小结的金额与费用比例
		序号	实际工程项目发生的支出科目名称				
1	人员费	1	基本工资				
		2	津贴补贴				
		3	奖金				
		4	社会保障金				
		5	伙食补助费				
		6	绩效工资				
		7	其他福利工资支出				
2	办公费	8	办公费				
		9	手续费				
3	印刷费	10	印刷费				
4	水电费	11	水费				
		12	电费				
5	邮电费	13	邮电费				
6	交通费	14	其他交通工具运行维护				
7	差旅费	15	差旅费				
8	会议费	16	会议费				
9	培训费	17	培训费				
10	专用材料和专用燃料费	18	专用材料费				
		19	专用燃料费				
11	咨询劳务费	20	劳务费				
12	委托业务费	21	委托业务费				
13	设备购置费	22	办公设备购置				
		23	专用设备购置				
14	维修（护）费	24	维修（护）费				

附件二 样点区变更调查跟踪监测样表

续表

工程项目名称：土地变更调查

案例编号：

序号	实际工程项目支出科目归支出费用的对应关系		实际工程项目发生的支出费用名称	实际工程项目支出科目发生金额（万元）	实际工程项目支出科目发生金额（平方千米）	实际工程项目金额比例（%）	实际工程项目每一支出费用占总额比例（%）	实际工程项目支出费用小结的金额与比例
		序号						
5	其他	25	咨询费					
		26	取暖费					
		27	物业管理费					
		28	因公出国（境）费用					
		29	租赁费					
		30	公务接待费					
		31	其他商品和服务支出					
		32	房屋建筑物构建					
		33	信息网络构建					
		34	公务用车购置					
		35	其他资本性支出					
		36	其他支出					
合计								

附表 2-3　变更调查技术分类表

工程项目名称：土地变更调查

案例编号：

序号	工作项与工作内容的对应关系		工作项目每发生的支出费用与水平关系												实际工程项目每一工作项综合强度占总工作项强度比例（%）
	工作内容名称	对没有实施工作内容用"0"表示	工作项目名称	人员费	办公费	印刷费	水电费	邮电费	交通费	差旅费	会议费	培训费	专用材料和专用燃料费	咨询劳务费	委托业务费	设备购置费	编修（护）费	其他	合计	
1	收集资料		1	资料收集																
2	制定工作方案		2	方案制定																
3	制定技术方案																			

续表

工程项目名称：土地变更调查　　　　　　　　　　　　　　　　　　　　　　　　　　　案例编号：

工作项与工作内容的对应关系			工作项名称	序号	工作项发生的支出费用与水平关系															实际工程项目每一工作项综合强度占总工作项强度比例(%)
工作内容名称	序号	对没有实施工作内容用"0"表示			人员费	办公费	印刷费	水电费	邮电费	交通费	差旅费	会议费	培训费	专用材料和专用燃料费	咨询劳务费	委托业务费	设备购置费	编修(护)费	其他	合计	
购买数据	4		数据购买	3																	
培训人员	5		人员培训	4																	
开展试点	6		试点开展	5																	
准备调查资料	7		工作准备	6																	
准备调查仪器设备	8																				
制作调查工作底图	9		底图制作	7																	
提取遥感监测图斑	10																				
调查境界	11		外业调查	8																	
调查权属	12																				
调查线状地物	13																				
调查图斑	14																				
调查遥感监测图斑	15																				
调查零星地物	16																				
调查新增可调整地类	17																				
调查新增耕地田坎	18																				
调查可视为补充耕地的园地	19																				
调查基本年度本年农田	20																				
调查本年度批准本年度建设	21																				
调查本年度批准未建设	22																				
调查本年度批准未批建	23																				
整理调查数据	24		调查数据整理	9																	
检查调查数据	25		调查数据检查	10																	
录入调查数据	26		调查数据录入	11																	

附件二 样点区变更调查跟踪监测样表

续表

工程项目名称：土地变更调查　　　　　　　　　　　　　　　　　　　　　　　　　　　案例编号：

工作项目与工作内容的对应关系			工作项发生的支出费用与水平关系											实际工程项目每一工作项综合强度占总工作项强度比例（%）
工作内容名称	对没有实施工作内容用"0"表示	序号	工作项名称	人员费	办公费	印刷费	水电费	邮电费	交通费	差旅费	会议费	培训费	专用材料和专用燃料费	咨询劳务费	委托业务费	设备购置费	编修（护）费	其他	合计	
序号																				
27	接边																			
28	计算面积	12	内业计算																	
29	统计与汇总数据																			
30	输出更新数据包																			
31	核查地类	13	外业核查																	
32	核查流量																			
33	检查数据库质量																			
34	编写意见																			
35	修改地类	14	修改																	
36	修改流量																			
37	修改数据																			
38	检查修改地类	15	修改数据检查																	
39	检查修改数据																			
40	集中对接																			
41	确认计算面积	16	数据确认																	
42	确认统计与汇总数据																			
43	录入确认数据	17	确认数据录入																	
44	编绘图件	18	图件编绘																	
45	检查提交各成果	19	成果检查																	
46	编写工作报告	20	报告编写																	
47	编写技术报告																			
48	编写专题报告																			
49	编写调查成果检查报告																			

续表

工程项目名称：土地变更调查　　　　　　　　　　　　　　　　　　　　　　　　　案例编号：

工作项与工作内容的对应关系			工作项发生的支出费用与水平关系												实际工程项目每一工作项综合强度占总工作项强度比例（%）
工作内容名称	对没有实施工作内容用"0"表示	序号	工作项名称	人员费	办公费	印刷费	水电费	邮电费	交通费	差旅费	会议费	培训费	专用材料和专用燃料费	咨询劳务费	委托业务费	设备购置费	编修（护）费	其他	合计	
预检		21	成果验收																	
验收																				
合计																				
			财务合计																		

序号 50, 51

附表 2-4 变更调查困难影响分类表

工程项目名称:土地变更调查		案例编号:	
序号	工程项目困难影响因素名称	工程项目困难影响因素比重(%)	各因素平均情况	备注
1	地形地貌			平原、丘陵、山区各比例
2	交通状况			通村的道路比例
3	综合变化量（个/千米²）			
4	权属变化量（个/千米²）			
5	基础资料状况			好(全、现势)、一般、差
6	影像资料分辨率			
7	物价水平			
8	工资水平			
说明	综合变化量是指与上一年相比较,除权属外,所调查一切内容的变化程度,具体计算:(2011年的数据－2010年的数据)/调查面积;权属变化量是指与上一年相比较,权属变更的程度,具体计算:(2011年的增减权属量)/调查面积			

附件三　变更调查困难影响因素补充调查汇总样表

行政区名	综合变化率						综合平均变化率	权属变化率		基础资料状况	影像资料分辨率	物价水平	工资水平
	国家下发疑问图斑个数			实际变更图斑个数				权属单位变化个数（宗地更新）	权属单位密度（个/100千米^2）				
	2010年	2011年	2012年	2010年	2011年	2012年							

附件四　现状调查困难影响因素标准化值分级表

困难影响因素	行政区规模（平方千米）	地形地貌	交通状况	图斑密度（个/100千米²）	权属单位密度（个/100千米²）	界址点密度（个/100千米²）	影像资料分辨率（米）	物价水平	工资水平
权重 p_i	0.11	0.12	0.1	0.2	0.1	0.13	0.07	0.09	0.08
标准值 m 1	≤200	地面平坦,地面坡度≤2°占调查区面积50%以上	≤50	≤1000	≤5	≤200	高于0.5	伊春全市,大兴安岭地区,森工	伊春全市,绥化全市,齐齐哈尔森工
2	200~800	地面较为平坦,地面坡度2°~6°,占调查区面积22%以上	50~100	1000~2000	5~10	200~400	0.5~1	黑河全市,绥化全市	双鸭山全市,七台河全市,黑河全市,大兴安岭
3	800~3500	丘陵区,地面坡度6°~15°,占调查区面积30%以上	100~200	2000~4000	10~50	400~1000	1~2.5	佳木斯全市,鹤岗全市,双鸭山全市,七台河全市,齐齐哈尔县	哈尔滨各县,大庆各县,佳木斯全市,牡丹江全市,鹤岗全市,农垦
4	3500~7000	地貌切割较强烈的地区,地面坡度15°~25°占调查区面积15%以上	200~400	4000~6000	50~100	1000~3000	2.5~5	鸡西全市,牡丹江全市,哈尔滨各县,大庆各县	鸡西全市
5	>7000	地貌切割强烈的地区,地面坡度>25°占调查区面积3%以上	>400	>6000	>100	>3000	低于5	哈尔滨市区,大庆市区,齐齐哈尔市区	哈尔滨市区,大庆市区,齐齐哈尔市区
备注	困难影响分值 $=\sum_{i=1}^{n} p_i m$，其中 p 为各困难影响因素权重，m 为各困难影响因素对应的标准值:1.0,2.0,3.0,4.0,5.0								

附件五 变更调查困难影响因素标准化值分级表

困难影响因素	行政区规模（平方千米）	地形地貌	交通状况	综合变化率（个/100千米²）	权属变化率（个/100千米²）	基础资料状况	影像资料分辨率（米）	物价水平	工资水平
权重 p_i	0.04	0.18	0.18	0.21	0.19	0.04	0.08	0.04	0.04
标准值 m 1	≤200	地面平坦，地面坡度≤2°占调查区面积50%以上	≤50	≤2	≤0.1	现势性好	高于0.5	伊春全市，大兴安岭地区，森工	伊春全市，绥化全市，森工
2	200~800	地面较为平坦，地面坡度2°~6°，占调查区面积22%以上	50~100	2~4	0.1~0.2	现势性较好	0.5~1	黑河全市，绥化全市	双鸭山全市，七台河全市，大兴安岭
3	800~3500	丘陵区，地面坡度6°~15°占调查区面积30%以上	100~200	4~7	0.2~3	现势性一般	1~2.5	佳木斯全市，鹤岗全市，双鸭山全市，七台河全市，齐齐哈尔县，农垦	哈尔滨各县，大庆各县，佳木斯全市，七台河全市，鹤岗全市，农垦
4	3500~7000	地貌切割较强烈的地区，地面坡度15°~25°占调查区面积15%以上	200~400	7~15	3~20	现势性较差	2.5~5	鸡西全市，牡丹江全市，大庆市区各县	鸡西全市
5	>7000	地貌切割强烈的地区，地面坡度>25°占调查区面积3%以上	>400	>15	>20	>现势性差	低于5	哈尔滨市区，大庆市区，齐齐哈尔市区	哈尔滨市区，大庆市区，齐齐哈尔市区

备注：困难影响分值 $=\sum_{i=1}^{n} p_i \cdot m$，其中：$p$ 为各困难影响因素权重，m 为各困难影响因素对应的标准值：1.0，2.0，3.0，4.0，5.0

附件六　现状调查困难影响等级确定表

分值区间	≤1.9	1.9～2.5(含)	2.5～3.0(含)	3.0～3.3(含)	>3.3
预算级别	Ⅰ	Ⅱ	Ⅲ	Ⅳ	Ⅴ
县(市、区)	南岔区、友好区、西林区、翠峦区、新青区、美溪区、金山屯区、五营区、乌马河区、汤旺河区、带岭区、乌伊岭区、红星区、上甘岭区、嘉荫县、松岭区、塔河县、漠河县	依安县、克山县、向阳区(鹤岗)、东山区、岭东区、饶河县、铁力市、向阳区(佳木斯)、前进区、东风区、同江市、爱辉区、嫩江县、逊克县、北安市、五大连池、庆安县、绥棱县、加格达奇区、新林区、呼中区、呼玛县	方正县、巴彦县、木兰县、通河县、延寿县、五常市、龙沙区、铁锋区、龙江县、甘南县、富裕县、克东县、拜泉县、讷河市、虎林市、密山市、工农区、兴山区、萝北县、绥滨县、集贤县、友谊县、宝清县、萨尔图区、让胡路区、林甸县、杜尔伯特蒙古族自治县、伊春区、郊区、桦南县、桦川县、抚远县、富锦市、新兴区、勃利县、东安区、爱民区、绥芬河市、海林市、穆棱市、孙吴县、北林区、望奎县、兰西县、青冈县、明水县、安达市、肇东市、海伦市	南岗区、道外区、松北区、呼兰区、依兰县、双城市、昂昂溪区、富拉尔基区、梅里斯达斡尔族区、泰来县、恒山区、梨树区、城子河区、鸡东县、南山区、兴安区、宝山区、红岗区、大同区、肇州县、肇源县、茄子河区、东宁县、林口县、宁安市	道里区、平房区、香坊区、阿城区、宾县、尚志市、建华区、碾子山区、鸡冠区、滴道区、麻山区、尖山区、四方台区、龙凤区、桃山区、阳明区、西安区

附件七 变更调查困难影响等级确定表

分值区间	≤2.2	2.2~2.5(含)	2.5~3.0(含)	3.0~3.4(含)	>3.4
预算级别	Ⅰ	Ⅱ	Ⅲ	Ⅳ	Ⅴ
县(市、区)	依安县、新青区、美溪区、金山屯区、五营区、汤旺河区、带岭区、上甘岭区、前进区、逊克县、孙吴县、松岭区、呼玛县、漠河县	克山县、讷河市、绥滨县、岭东区、宝清县、饶河县、友好区、西林区、乌马河区、乌伊岭区、红星区、嘉荫县、向阳区(佳木斯)、汤原县、望奎县、兰西县、青冈县、绥棱县、安达市、海伦市、新林区、塔河县	阿城区、依兰县、方正县、木兰县、延寿县、五常市、铁锋区、昂昂溪区、梅里斯达斡尔族区、富裕县、克东县、拜泉县、恒山区、滴道区、梨树区、鸡东县、虎林市、密山市、向阳区(鹤岗)、工农区、兴山区、萝北县、集贤县、友谊县、萨尔图区、肇州县、肇源县、林甸县、杜尔伯特蒙古族自治县、伊春区、翠峦区、铁力市、东风区、郊区、桦南县、同江市、富锦市、新兴区、茄子河区、勃利县、爱辉区、嫩江县、北安市、五大连池市、北林区、庆安县、明水县、肇东市、呼中区	道里区、道外区、呼兰区、巴彦县、通河县、双城市、尚志市、龙沙区、建华区、富拉尔基区、龙江县、泰来县、甘南县、城子河区、麻山区、南山区、兴安区、东山区、宝山区、让胡路区、大同区、南岔区、桦川县、抚远县、桃山区、东安区、西安区、林口县、海林市、宁安市、穆棱市、加格达奇区	南岗区、平房区、松北区、香坊区、宾县、碾子山区、鸡冠区、尖山区、四方台区、龙凤区、红岗区、阳明区、爱民区、东宁县、绥芬河市

附件八 土地利用现状调查预算标准综合表

类别：土地利用现状调查　　1:10 000 比例尺　　单位：元/千米²

级别	序号	工作项名称	工作项占总工作比例	预算级别	总费用	人员费	办公费	印刷费	水电费	邮电费	交通费	差旅费	会议费	培训费	专用材料和专用燃料费	咨询劳务费	委托业务费	设备购置费	维修（护）费	其他
县（市、区）	1	资料收集	0.0365			0.3088	0.0653	0.0241	0.0174	0.0158	0.0524	0.0485	0.0205	0.0182	0.0846	0.1346	0.0501	0.0411	0.0114	0.1072
				I	44.61	13.78	2.91	1.08	0.78	0.7	2.34	2.16	0.91	0.81	3.77	6	2.23	1.83	0.51	4.78
				II	59.49	18.37	3.88	1.43	1.04	0.94	3.12	2.89	1.22	1.08	5.03	8.01	2.98	2.45	0.68	6.38
				III	75.67	23.37	4.94	1.82	1.32	1.2	3.97	3.67	1.55	1.38	6.4	10.19	3.79	3.11	0.86	8.11
				IV	94.59	29.21	6.18	2.28	1.65	1.49	4.96	4.59	1.94	1.72	8	12.73	4.74	3.89	1.08	10.14
				V	128.64	39.72	8.4	3.1	2.24	2.03	6.74	6.24	2.64	2.34	10.88	17.31	6.44	5.29	1.47	13.79
	2	方案制定	0.0195	I	23.83	7.36	1.56	0.57	0.41	0.38	1.25	1.16	0.49	0.43	2.02	3.21	1.19	0.98	0.27	2.55
				II	31.78	9.81	2.08	0.77	0.55	0.5	1.67	1.54	0.65	0.58	2.69	4.28	1.59	1.31	0.36	3.41
				III	40.43	12.48	2.64	0.97	0.7	0.64	2.12	1.96	0.83	0.74	3.42	5.44	2.03	1.66	0.46	4.33
				IV	50.53	15.6	3.3	1.22	0.88	0.8	2.65	2.45	1.04	0.92	4.27	6.8	2.53	2.08	0.58	5.42
				V	68.73	21.22	4.49	1.66	1.2	1.09	3.6	3.33	1.41	1.25	5.81	9.25	3.44	2.82	0.78	7.37
	3	数据购买	0.0078	I	9.53	4.74	1	0.37	0.27	0.24	0.8	0.74	0.31	0.28	1.3	2.07	0.77	0.63	0.18	1.65
				II	12.71	3.92	0.83	0.31	0.22	0.2	0.67	0.62	0.26	0.23	1.08	1.71	0.64	0.52	0.14	1.36
				III	16.17	4.99	1.06	0.39	0.28	0.26	0.85	0.78	0.33	0.29	1.37	2.18	0.81	0.66	0.18	1.73
				IV	20.21	6.24	1.32	0.49	0.35	0.32	1.06	0.98	0.41	0.37	1.71	2.72	1.01	0.83	0.23	2.17
				V	27.49	8.49	1.8	0.66	0.48	0.43	1.44	1.33	0.56	0.5	2.33	3.7	1.38	1.13	0.31	2.95

续表

级别	工作项名称	工作项占总工作比例	序号	预算级别	总费用	人员费	办公费	印刷费	水电费	邮电费	交通费	差旅费	会议费	培训费	专用材料和专用燃料费	咨询劳务费	委托业务费	设备购置费	维修（护）费	其他
县(市、区)	人员培训	0.0416	4			0.3088	0.0653	0.0241	0.0174	0.0158	0.0524	0.0485	0.0205	0.0182	0.0846	0.1346	0.0501	0.0411	0.0114	0.1072
				Ⅰ	50.85	15.7	3.32	1.23	0.88	0.8	2.66	2.47	1.04	0.93	4.3	6.84	2.55	2.09	0.58	5.45
				Ⅱ	67.8	20.94	4.43	1.63	1.18	1.07	3.55	3.29	1.39	1.23	5.74	9.13	3.4	2.79	0.77	7.27
				Ⅲ	86.24	26.63	5.63	2.08	1.5	1.36	4.52	4.18	1.77	1.57	7.3	11.61	4.32	3.54	0.98	9.24
				Ⅳ	107.8	33.29	7.04	2.6	1.88	1.7	5.65	5.23	2.21	1.96	9.12	14.51	5.4	4.43	1.23	11.56
				Ⅴ	146.61	45.27	9.57	3.53	2.55	2.32	7.68	7.11	3.01	2.67	12.4	19.73	7.35	6.03	1.67	15.72
	试点开展	0.068	5	Ⅰ	83.12	41.36	8.75	3.23	2.33	2.12	7.02	6.5	2.75	2.44	11.33	18.03	6.71	5.5	1.53	14.36
				Ⅱ	110.82	34.22	7.24	2.67	1.93	1.75	5.81	5.37	2.27	2.02	9.38	14.92	5.55	4.55	1.26	11.88
				Ⅲ	140.98	43.53	9.21	3.4	2.45	2.23	7.39	6.84	2.89	2.57	11.93	18.98	7.06	5.79	1.61	15.11
				Ⅳ	176.22	54.42	11.51	4.25	3.07	2.78	9.23	8.55	3.61	3.21	14.91	23.72	8.83	7.24	2.01	18.89
				Ⅴ	239.66	74.01	15.65	5.78	4.17	3.79	12.56	11.62	4.91	4.36	20.28	32.26	12.01	9.85	2.73	25.69
	工作准备	0.0736	6	Ⅰ	89.96	27.78	5.87	2.17	1.57	1.42	4.71	4.36	1.84	1.64	7.61	12.11	4.51	3.7	1.03	15.54
				Ⅱ	119.95	37.04	7.83	2.89	2.09	1.9	6.29	5.82	2.46	2.18	10.15	16.15	6.01	4.93	1.37	12.86
				Ⅲ	152.59	47.12	9.96	3.68	2.66	2.41	8	7.4	3.13	2.78	12.91	20.54	7.64	6.27	1.74	16.36
				Ⅳ	190.73	58.9	12.45	4.6	3.32	3.01	9.99	9.25	3.91	3.47	16.14	25.67	9.56	7.84	2.17	20.45
				Ⅴ	259.4	80.1	16.94	6.25	4.51	4.1	13.59	12.58	5.32	4.72	21.95	34.92	13	10.66	2.96	27.81
	底图制作	0.0096	7	Ⅰ	11.73	5.84	1.23	0.46	0.33	0.3	0.99	0.92	0.39	0.34	1.6	2.55	0.95	0.78	0.22	2.03
				Ⅱ	15.65	4.83	1.02	0.38	0.27	0.25	0.82	0.76	0.32	0.28	1.32	2.11	0.78	0.64	0.18	1.68
				Ⅲ	19.9	6.15	1.3	0.48	0.35	0.31	1.04	0.97	0.41	0.36	1.68	2.68	1	0.82	0.23	2.13
				Ⅳ	24.88	7.68	1.62	0.6	0.43	0.39	1.3	1.21	0.51	0.45	2.1	3.35	1.25	1.02	0.28	2.67
				Ⅴ	33.83	10.45	2.21	0.82	0.59	0.53	1.77	1.64	0.69	0.62	2.86	4.55	1.69	1.39	0.39	3.63
	外业调查	0.4112	8	Ⅰ	502.61	155.21	32.82	12.11	8.75	7.94	26.34	24.38	10.3	9.15	42.52	67.65	25.18	20.66	5.73	53.88
				Ⅱ	670.15	206.94	43.76	16.15	11.66	10.59	35.12	32.5	13.74	12.2	56.69	90.2	33.57	27.54	7.64	71.84
				Ⅲ	852.49	263.25	55.67	20.55	14.83	13.47	44.67	41.35	17.48	15.52	72.12	114.75	42.71	35.04	9.72	91.39
				Ⅳ	1,065.61	329.06	69.58	25.68	18.54	16.84	55.84	51.68	21.85	19.39	90.15	143.43	53.39	43.8	12.15	114.23
				Ⅴ	1,449.23	447.52	94.63	34.93	25.22	22.9	75.94	70.29	29.71	26.38	122.6	195.07	72.61	59.56	16.52	155.36

附件八 土地利用现状调查预算标准综合表

续表

级别	工作项占工作总比例	工作项目名称	序号	预算级别	总费用	人员费	办公费	印刷费	水电费	邮电费	交通费	差旅费	会议费	培训费	专用材料和专用燃料费	咨询劳务费	委托业务费	设备购置费	维修(护)费	其他
县(市、区)	0.0085	调查数据整理	9	Ⅰ	10.39	3.21	0.68	0.25	0.18	0.16	0.54	0.5	0.21	0.19	0.88	1.4	0.52	0.43	0.12	1.11
				Ⅱ	13.85	4.28	0.9	0.33	0.24	0.22	0.73	0.67	0.28	0.25	1.17	1.86	0.69	0.57	0.16	1.48
				Ⅲ	17.62	5.44	1.15	0.42	0.31	0.28	0.92	0.85	0.36	0.32	1.49	2.37	0.88	0.72	0.2	1.89
				Ⅳ	22.03	6.8	1.44	0.53	0.38	0.35	1.15	1.07	0.45	0.4	1.86	2.97	1.1	0.91	0.25	2.36
				Ⅴ	29.96	9.25	1.96	0.72	0.52	0.47	1.57	1.45	0.61	0.55	2.53	4.03	1.5	1.23	0.34	3.21
	0.1054	调查数据检查	10	Ⅰ	18.82	5.81	1.23	0.45	0.33	0.3	0.99	0.91	0.39	0.34	1.59	2.53	0.94	0.77	0.21	2.02
				Ⅱ	25.1	7.75	1.64	0.6	0.44	0.4	1.32	1.22	0.51	0.46	2.12	3.38	1.26	1.03	0.29	2.69
				Ⅲ	31.93	9.86	2.09	0.77	0.56	0.5	1.67	1.55	0.65	0.58	2.7	4.3	1.6	1.31	0.36	3.42
				Ⅳ	39.91	12.32	2.61	0.96	0.69	0.63	2.09	1.94	0.82	0.73	3.38	5.37	2	1.64	0.45	4.28
				Ⅴ	54.28	16.76	3.54	1.31	0.94	0.86	2.84	2.63	1.11	0.99	4.59	7.31	2.72	2.23	0.62	5.82
	0.0342	调查数据录入	11	Ⅰ	41.8	12.91	2.73	1.01	0.73	0.66	2.19	2.03	0.86	0.76	3.54	5.63	2.09	1.72	0.48	4.48
				Ⅱ	55.74	17.21	3.64	1.34	0.97	0.88	2.92	2.7	1.14	1.01	4.72	7.5	2.79	2.29	0.64	5.98
				Ⅲ	70.9	21.89	4.63	1.71	1.23	1.12	3.72	3.44	1.45	1.29	6	9.54	3.55	2.91	0.81	7.6
				Ⅳ	88.63	27.37	5.79	2.14	1.54	1.4	4.64	4.3	1.82	1.61	7.5	11.93	4.44	3.64	1.01	9.5
				Ⅴ	120.53	37.22	7.87	2.9	2.1	1.9	6.32	5.85	2.47	2.19	10.2	16.22	6.04	4.95	1.37	12.92
	0.0392	内业计算	12	Ⅰ	47.91	14.8	3.13	1.15	0.83	0.76	4.05	3.74	1.58	1.41	6.53	10.39	3.87	3.17	0.88	8.28
				Ⅱ	63.89	19.73	4.17	1.54	1.11	1.01	3.35	3.1	1.31	1.16	5.41	8.6	3.2	2.63	0.73	6.85
				Ⅲ	81.27	25.1	5.31	1.96	1.41	1.28	4.26	3.94	1.67	1.48	6.88	10.94	4.07	3.34	0.93	8.71
				Ⅳ	101.59	31.37	6.63	2.45	1.77	1.61	5.32	4.93	2.08	1.85	8.59	13.67	5.09	4.18	1.16	10.89
				Ⅴ	138.16	42.66	9.02	3.33	2.4	2.18	7.24	6.7	2.83	2.51	11.69	18.6	6.92	5.68	1.58	14.81
	0.0858	外业核查	13	Ⅰ	104.87	52.18	11.03	4.07	2.94	2.67	8.85	8.2	3.46	3.08	14.3	22.74	8.47	6.95	1.93	18.11
				Ⅱ	139.83	43.18	9.13	3.37	2.43	2.21	7.33	6.78	2.87	2.54	11.83	18.82	7.01	5.75	1.59	14.99
				Ⅲ	177.88	54.93	11.62	4.29	3.1	2.81	9.32	8.63	3.65	3.24	15.05	23.94	8.91	7.31	2.03	19.07
				Ⅳ	222.35	68.66	14.52	5.36	3.87	3.51	11.65	10.78	4.56	4.05	18.81	29.93	11.14	9.14	2.53	23.84
				Ⅴ	302.39	93.38	19.75	7.29	5.26	4.78	15.85	14.67	6.2	5.5	25.58	40.7	15.15	12.43	3.45	32.42
比例系数						0.3088	0.0653	0.0241	0.0174	0.0158	0.0524	0.0485	0.0205	0.0182	0.0846	0.1346	0.0501	0.0411	0.0114	0.1072

续表

级别	序号	工作项名称	工作项占总工作比例	预算级别	总费用	人员费	办公费	印刷费	水电费	邮电费	交通费	差旅费	会议费	培训费	专用材料和专用燃料费	咨询劳务费	委托业务费	设备购置费	维修(护)费	其他
县(市、区)	14	修改	0.0072	I	8.8	0.3088	0.0653	0.0241	0.0174	0.0158	0.0524	0.0485	0.0205	0.0182	0.0846	0.1346	0.0501	0.0411	0.0114	0.1072
				II	11.73	4.38	0.93	0.34	0.25	0.22	0.74	0.69	0.29	0.26	1.2	1.91	0.71	0.58	0.16	1.52
				III	14.93	3.62	0.77	0.28	0.2	0.19	0.61	0.57	0.24	0.21	0.99	1.58	0.59	0.48	0.13	1.26
				IV	18.66	4.61	0.97	0.36	0.26	0.24	0.78	0.72	0.31	0.27	1.26	2.01	0.75	0.61	0.17	1.6
				V	25.38	5.76	1.22	0.45	0.32	0.29	0.98	0.91	0.38	0.34	1.58	2.51	0.93	0.77	0.21	2
	15	修改数据检查	0.0092	I	11.25	7.84	1.66	0.61	0.44	0.4	1.33	1.23	0.52	0.46	2.15	3.42	1.27	1.04	0.29	2.72
				II	14.99	3.47	0.73	0.27	0.2	0.18	0.59	0.55	0.23	0.2	0.95	1.51	0.56	0.46	0.13	1.21
				III	19.07	4.63	0.98	0.36	0.26	0.24	0.79	0.73	0.31	0.27	1.27	2.02	0.75	0.62	0.17	1.61
				IV	23.84	5.89	1.25	0.46	0.33	0.3	1	0.92	0.39	0.35	1.61	2.57	0.96	0.78	0.22	2.04
				V	32.42	7.36	1.56	0.57	0.41	0.38	1.25	1.16	0.49	0.43	2.02	3.21	1.19	0.98	0.27	2.56
	16	数据确认	0.0176	I	21.51	10.01	2.12	0.78	0.56	0.51	1.7	1.57	0.66	0.59	2.74	4.36	1.62	1.33	0.37	3.48
				II	28.68	6.64	1.4	0.52	0.37	0.34	1.13	1.04	0.44	0.39	1.82	2.9	1.08	0.88	0.25	2.31
				III	36.49	8.86	1.87	0.69	0.5	0.45	1.5	1.39	0.59	0.52	2.43	3.86	1.44	1.18	0.33	3.07
				IV	45.61	11.27	2.38	0.88	0.63	0.58	1.91	1.77	0.75	0.66	3.09	4.91	1.83	1.5	0.42	3.91
				V	62.03	14.08	2.98	1.1	0.79	0.72	2.39	2.21	0.94	0.83	3.86	6.14	2.29	1.87	0.52	4.89
	17	确认数据录入	0.0072	I	8.8	19.15	4.05	1.49	1.08	0.98	3.25	3.01	1.27	1.13	5.25	8.35	3.11	2.55	0.71	6.65
				II	11.73	2.72	0.57	0.21	0.15	0.14	0.46	0.43	0.18	0.16	0.74	1.18	0.44	0.36	0.1	0.94
				III	14.93	3.62	0.77	0.28	0.2	0.19	0.61	0.57	0.24	0.21	0.99	1.58	0.59	0.48	0.13	1.26
				IV	18.66	4.61	0.97	0.36	0.26	0.24	0.78	0.72	0.31	0.27	1.26	2.01	0.75	0.61	0.17	1.6
				V	25.38	5.76	1.22	0.45	0.32	0.29	0.98	0.91	0.38	0.34	1.58	2.51	0.93	0.77	0.21	2
	18	图件编绘	0.0193	I	23.59	7.84	1.66	0.61	0.44	0.4	1.33	1.23	0.52	0.46	2.15	3.42	1.27	1.04	0.29	2.72
				II	31.45	7.28	1.54	0.57	0.41	0.37	1.24	1.14	0.48	0.43	2	3.18	1.18	0.97	0.27	2.53
				III	40.01	9.71	2.05	0.76	0.55	0.5	1.65	1.53	0.64	0.57	2.66	4.23	1.58	1.29	0.36	3.37
				IV	50.02	12.36	2.61	0.96	0.7	0.63	2.1	1.94	0.82	0.73	3.38	5.39	2	1.64	0.46	4.29
				V	68.02	15.45	3.27	1.21	0.87	0.79	2.62	2.43	1.03	0.91	4.23	6.73	2.51	2.06	0.57	5.36
						21	4.44	1.64	1.18	1.07	3.56	3.3	1.39	1.24	5.75	9.16	3.41	2.8	0.78	7.29

附件八 土地利用现状调查预算标准综合表

续表

级别	序号	工作项目名称	工作项占总工作比例	预算级别	总费用	人员费	办公费	印刷费	水电费	邮电费	交通费	差旅费	会议费	培训费	专用材料和专用燃料费	咨询劳务费	委托业务费	设备购置费	维修（护）费	其他
						0.3088	0.0653	0.0241	0.0174	0.0158	0.0524	0.0485	0.0205	0.0182	0.0846	0.1346	0.0501	0.0411	0.0114	0.1072
县（市、区）	19	成果检查	0.0248	I	30.31	9.36	1.98	0.73	0.53	0.48	1.59	1.47	0.62	0.55	2.56	4.08	1.52	1.25	0.35	3.25
				II	40.42	12.48	2.64	0.97	0.7	0.64	2.12	1.96	0.83	0.74	3.42	5.44	2.03	1.66	0.46	4.33
				III	51.41	15.88	3.36	1.24	0.89	0.81	2.69	2.49	1.05	0.94	4.35	6.92	2.58	2.11	0.59	5.51
				IV	64.27	19.85	4.2	1.55	1.12	1.02	3.37	3.12	1.32	1.17	5.44	8.65	3.22	2.64	0.73	6.89
				V	87.4	26.99	5.71	2.11	1.52	1.38	4.58	4.24	1.79	1.59	7.39	11.76	4.38	3.59	1	9.37
	20	报告编写	0.0304	I	37.16	11.48	2.43	0.9	0.65	0.59	1.95	1.8	0.76	0.68	3.14	5	1.86	1.53	0.42	3.98
				II	49.54	15.3	3.23	1.19	0.86	0.78	2.6	2.4	1.02	0.9	4.19	6.67	2.48	2.04	0.56	5.31
				III	63.02	19.46	4.12	1.52	1.1	1	3.3	3.06	1.29	1.15	5.33	8.48	3.16	2.59	0.72	6.76
				IV	78.78	24.33	5.14	1.9	1.37	1.24	4.13	3.82	1.61	1.43	6.66	10.6	3.95	3.24	0.9	8.45
				V	107.14	33.08	7	2.58	1.86	1.69	5.61	5.2	2.2	1.95	9.06	14.42	5.37	4.4	1.22	11.49
	21	成果验收	0.0334	I	40.82	12.61	2.67	0.98	0.71	0.64	2.14	1.98	0.84	0.74	3.45	5.49	2.05	1.68	0.47	4.38
				II	54.43	16.81	3.55	1.31	0.95	0.86	2.85	2.64	1.12	0.99	4.6	7.33	2.73	2.24	0.62	5.83
				III	69.24	21.38	4.52	1.67	1.2	1.09	3.63	3.36	1.42	1.26	5.86	9.32	3.47	2.85	0.79	7.42
				IV	86.55	26.73	5.65	2.09	1.51	1.37	4.54	4.2	1.77	1.58	7.32	11.65	4.34	3.56	0.99	9.28
				V	117.71	36.35	7.69	2.84	2.05	1.86	6.17	5.71	2.41	2.14	9.96	15.84	5.9	4.84	1.34	12.62
合计				I	1,222.30	377.45	79.82	29.46	21.27	19.31	64.05	59.28	25.06	22.25	103.41	164.52	61.24	50.24	13.93	131.03
				II	1,629.74	503.26	106.42	39.28	28.36	25.75	85.4	79.04	33.41	29.66	137.88	219.36	81.65	66.98	18.58	174.71
				III	2,073.17	640.19	135.38	49.96	36.07	32.76	108.63	100.55	42.5	37.73	175.39	279.05	103.87	85.21	23.63	222.24
				IV	2,591.46	800.24	169.22	62.45	45.09	40.95	135.79	125.69	53.12	47.16	219.24	348.81	129.83	106.51	29.54	277.8
				V	3,524.39	1,088.33	230.14	84.94	61.32	55.69	184.68	170.93	72.25	64.14	298.16	474.38	176.57	144.85	40.18	377.81

附件九 土地变更调查预算标准综合表

类别:土地变更调查　　　1:10 000比例尺　　　单位:元/千米²

级别	序号	工作项目名称	工作项占总工作比例	预算级别	总费用	人员费	办公费	印刷费	水电费	邮电费	交通费	差旅费	会议费	培训费	专用材料和专用燃料费	咨询劳务费	委托业务费	设备购置费	维修(护)费	其他
县(市、区)	1	资料收集	0.0393	I	3.59	0.3538	0.1073	0.0102	0.02	0.005	0.0865	0.055	0.0089	0.015	0.05	0.1107	0.0887	0.02	0.0173	0.0516
				II	4.36	1.27	0.39	0.04	0.07	0.02	0.31	0.2	0.03	0.05	0.18	0.4	0.32	0.07	0.06	0.19
				III	5.13	1.54	0.47	0.04	0.09	0.02	0.38	0.24	0.04	0.07	0.22	0.48	0.39	0.09	0.08	0.22
				IV	7.18	1.81	0.55	0.05	0.1	0.03	0.44	0.28	0.05	0.08	0.26	0.57	0.46	0.1	0.09	0.26
				V	9.24	2.54	0.77	0.07	0.14	0.04	0.62	0.39	0.06	0.11	0.36	0.79	0.64	0.14	0.12	0.37
	2	方案制定	0.0233	I	2.13	3.27	0.99	0.09	0.18	0.05	0.8	0.51	0.08	0.14	0.46	1.02	0.82	0.18	0.16	0.48
				II	2.59	0.75	0.23	0.02	0.04	0.01	0.18	0.12	0.02	0.03	0.11	0.24	0.19	0.04	0.04	0.11
				III	3.04	0.92	0.28	0.03	0.05	0.01	0.22	0.14	0.02	0.04	0.13	0.29	0.23	0.05	0.04	0.13
				IV	4.26	1.08	0.33	0.03	0.06	0.02	0.26	0.17	0.03	0.05	0.15	0.34	0.27	0.06	0.05	0.16
				V	5.48	1.51	0.46	0.04	0.09	0.02	0.37	0.23	0.04	0.06	0.21	0.47	0.38	0.09	0.07	0.22
	3	数据购买	0	I	1.94	0.59	0.06	0.11	0.03	0.47	0.3	0.05	0.08	0.27	0.61	0.49	0.11	0.09	0.28	
				II	0	0	0	0	0	0	0	0	0	0	0	0	0	0	0	0
				III	0	0	0	0	0	0	0	0	0	0	0	0	0	0	0	0
				IV	0	0	0	0	0	0	0	0	0	0	0	0	0	0	0	0
				V	0	0	0	0	0	0	0	0	0	0	0	0	0	0	0	0

附件九 土地变更调查预算标准综合表

续表

级别	序号	工作项目名称	工作项占总工作比例	预算级别	总费用	人员费	办公费	印刷费	水电费	邮电费	交通费	差旅费	会议费	培训费	专用材料和专用燃料费	咨询劳务费	委托业务费	设备购置费	维修(护)费	其他
县(市、区)						0.3538	0.1073	0.0102	0.02	0.005	0.0865	0.055	0.0089	0.015	0.05	0.1107	0.0887	0.02	0.0173	0.0516
	4	人员培训	0.0359	Ⅰ	3.28	1.16	0.35	0.03	0.07	0.02	0.28	0.18	0.03	0.05	0.16	0.36	0.29	0.02	0.06	0.17
				Ⅱ	3.98	1.41	0.43	0.04	0.08	0.02	0.34	0.22	0.04	0.06	0.2	0.44	0.35	0.07	0.07	0.21
				Ⅲ	4.69	1.66	0.5	0.05	0.09	0.02	0.41	0.26	0.04	0.07	0.23	0.52	0.42	0.08	0.08	0.24
				Ⅳ	6.56	2.32	0.7	0.07	0.13	0.03	0.57	0.36	0.06	0.1	0.33	0.73	0.58	0.09	0.11	0.34
				Ⅴ	8.44	2.99	0.91	0.09	0.17	0.04	0.73	0.46	0.08	0.13	0.42	0.93	0.75	0.13	0.15	0.44
	5	试点开展	0.0141	Ⅰ	1.29	0.46	0.14	0.01	0.03	0.01	0.11	0.07	0.01	0.02	0.06	0.14	0.11	0.03	0.02	0.07
				Ⅱ	1.56	0.55	0.17	0.02	0.03	0.01	0.13	0.09	0.01	0.02	0.08	0.17	0.14	0.03	0.03	0.08
				Ⅲ	1.84	0.65	0.2	0.02	0.04	0.01	0.16	0.1	0.02	0.03	0.09	0.2	0.16	0.04	0.03	0.09
				Ⅳ	2.58	0.91	0.28	0.03	0.05	0.02	0.22	0.14	0.02	0.04	0.13	0.29	0.23	0.05	0.04	0.13
				Ⅴ	3.31	1.17	0.36	0.03	0.07	0.02	0.29	0.18	0.03	0.05	0.17	0.37	0.29	0.07	0.06	0.17
	6	工作准备	0.0552	Ⅰ	5.04	1.78	0.54	0.05	0.1	0.03	0.44	0.28	0.04	0.08	0.25	0.56	0.45	0.1	0.09	0.26
				Ⅱ	6.13	2.17	0.66	0.06	0.12	0.03	0.53	0.34	0.05	0.09	0.31	0.68	0.54	0.12	0.11	0.32
				Ⅲ	7.21	2.55	16.37	1.56	3.05	0.76	13.2	8.39	1.36	2.29	7.63	16.89	13.53	3.05	2.64	7.87
				Ⅳ	10.09	3.57	1.08	0.1	0.2	0.05	0.87	0.55	0.09	0.15	0.5	1.12	0.89	0.2	0.17	0.52
				Ⅴ	12.97	4.59	1.39	0.13	0.26	0.06	1.12	0.71	0.12	0.19	0.65	1.44	1.15	0.26	0.22	0.67
	7	底图制作	0.007	Ⅰ	0.64	0.23	0.07	0.01	0.01	0	0.06	0.04	0.01	0.01	0.03	0.07	0.06	0.01	0.01	0.03
				Ⅱ	0.78	0.28	0.08	0.01	0.02	0	0.07	0.04	0.01	0.01	0.04	0.09	0.07	0.02	0.01	0.04
				Ⅲ	0.91	0.32	0.1	0.01	0.02	0	0.08	0.05	0.01	0.02	0.05	0.1	0.08	0.02	0.02	0.05
				Ⅳ	1.28	0.45	0.14	0.01	0.03	0.01	0.11	0.07	0.01	0.02	0.06	0.14	0.11	0.03	0.02	0.07
				Ⅴ	1.65	0.58	0.18	0.02	0.03	0.01	0.14	0.09	0.01	0.03	0.08	0.18	0.15	0.03	0.03	0.09
	8	外业调整	0.4115	Ⅰ	37.61	13.31	4.04	0.38	0.75	0.19	3.25	2.07	0.33	0.56	1.88	4.16	3.34	0.75	0.65	1.94
				Ⅱ	45.67	16.16	4.9	0.47	0.91	0.23	3.95	2.51	0.41	0.69	2.28	5.06	4.05	0.91	0.79	2.36
				Ⅲ	53.73	19.01	5.77	0.55	1.07	0.27	4.65	2.96	0.48	0.81	2.69	5.95	4.77	1.07	0.93	2.77
				Ⅳ	75.22	26.61	8.07	0.77	1.5	0.38	6.51	4.14	0.67	1.13	3.76	8.33	6.67	1.5	1.3	3.88
				Ⅴ	96.71	34.22	10.38	0.99	1.93	0.48	8.37	5.32	0.86	1.45	4.84	10.71	8.58	1.93	1.67	4.99

续表

级别	序号	工作项目名称	工作项占总工作比例	预算级别	总费用	人员费	办公费	印刷费	水电费	邮电费	交通费	差旅费	会议费	培训费	专用材料和专用燃料费	咨询劳务费	委托业务费	设备购置费	维修(护)费	其他
县(市、区)	9	调查数据整理	0.0191	I	1.75	0.3538	0.1073	0.0102	0.02	0.005	0.0865	0.055	0.0089	0.015	0.05	0.1107	0.0887	0.02	0.0173	0.0516
				II	2.12	0.62	0.19	0.02	0.04	0.01	0.15	0.1	0.02	0.03	0.09	0.19	0.16	0.04	0.03	0.09
				III	2.49	0.75	0.23	0.02	0.04	0.01	0.18	0.12	0.02	0.03	0.11	0.23	0.19	0.04	0.04	0.11
				IV	3.49	0.88	0.27	0.03	0.05	0.01	0.22	0.14	0.02	0.04	0.12	0.28	0.22	0.05	0.04	0.13
				V	4.49	1.23	0.37	0.04	0.07	0.02	0.3	0.19	0.03	0.05	0.17	0.39	0.31	0.07	0.06	0.18
	10	调查数据检查	0.0134	I	1.22	1.59	0.48	0.05	0.09	0.02	0.39	0.25	0.04	0.07	0.22	0.5	0.4	0.09	0.08	0.23
				II	1.49	0.43	0.13	0.01	0.02	0.01	0.11	0.07	0.01	0.02	0.06	0.14	0.11	0.02	0.02	0.06
				III	1.75	0.53	0.16	0.02	0.03	0.01	0.13	0.08	0.01	0.02	0.07	0.16	0.13	0.03	0.03	0.08
				IV	2.45	0.62	0.19	0.02	0.04	0.01	0.15	0.1	0.02	0.03	0.09	0.19	0.16	0.04	0.03	0.09
				V	3.15	0.87	0.26	0.02	0.05	0.01	0.21	0.13	0.02	0.04	0.12	0.27	0.22	0.05	0.04	0.13
	11	调查数据录入	0.0239	I	2.18	1.11	0.34	0.03	0.06	0.02	0.27	0.17	0.03	0.05	0.16	0.35	0.28	0.06	0.05	0.16
				II	2.65	0.77	0.23	0.02	0.04	0.01	0.19	0.12	0.02	0.04	0.11	0.24	0.19	0.04	0.04	0.11
				III	3.12	0.94	0.28	0.03	0.05	0.01	0.23	0.15	0.02	0.04	0.13	0.29	0.24	0.05	0.05	0.14
				IV	4.37	1.1	0.33	0.03	0.06	0.02	0.27	0.17	0.03	0.05	0.16	0.35	0.28	0.06	0.05	0.16
				V	5.62	1.55	0.47	0.04	0.09	0.02	0.38	0.24	0.04	0.07	0.22	0.48	0.39	0.09	0.08	0.23
	12	内业计算	0.0094	I	0.86	1.99	0.6	0.06	0.11	0.03	0.49	0.31	0.05	0.08	0.28	0.62	0.5	0.11	0.1	0.29
				II	1.04	0.3	0.09	0.01	0.02	0	0.07	0.05	0.01	0.01	0.04	0.1	0.08	0.02	0.01	0.04
				III	1.23	0.37	0.11	0.01	0.02	0.01	0.09	0.06	0.01	0.02	0.05	0.12	0.09	0.02	0.02	0.05
				IV	1.72	0.44	0.13	0.01	0.02	0.01	0.11	0.07	0.01	0.02	0.06	0.14	0.11	0.02	0.02	0.06
				V	2.21	0.61	0.18	0.02	0.03	0.01	0.15	0.09	0.02	0.02	0.09	0.19	0.15	0.03	0.03	0.09
	13	外业核查	0.1118	I	10.22	0.78	0.24	0.02	0.04	0.01	0.19	0.12	0.02	0.03	0.11	0.24	0.2	0.04	0.04	0.11
				II	12.41	3.62	1.1	0.1	0.2	0.05	0.88	0.56	0.09	0.15	0.51	1.13	0.91	0.2	0.18	0.53
				III	14.6	4.39	1.33	0.13	0.25	0.06	1.07	0.68	0.11	0.19	0.62	1.37	1.1	0.25	0.21	0.64
				IV	20.44	5.17	1.57	0.15	0.29	0.07	1.26	0.8	0.13	0.22	0.73	1.62	1.3	0.29	0.25	0.75
				V	26.27	7.23	2.19	0.21	0.41	0.1	1.77	1.12	0.18	0.31	1.02	2.26	1.81	0.41	0.35	1.05
						9.29	2.82	0.27	0.53	0.13	2.27	1.44	0.23	0.39	1.31	2.91	2.33	0.53	0.45	1.36

附件九 土地变更调查预算标准综合表

续表

级别	工作项目名称	序号	工作项目占总工作量比例	预算级别	总费用	人员费	办公费	印刷费	水电费	邮电费	交通费	差旅费	会议费	培训费	专用材料和专用燃料费	咨询劳务费	委托业务费	设备购置费	维修(护)费	其他
县(市/区)						0.3538	0.1073	0.0102	0.02	0.005	0.0865	0.055	0.0089	0.015	0.05	0.1107	0.0887	0.02	0.0173	0.0516
	修改	14	0.007	Ⅰ	0.64	0.23	0.07	0.01	0.01	0	0.06	0.04	0.01	0.01	0.03	0.07	0.06	0.02	0.01	0.03
				Ⅱ	0.78	0.28	0.08	0.01	0.02	0	0.07	0.04	0.01	0.01	0.04	0.09	0.07	0.01	0.01	0.04
				Ⅲ	0.91	0.32	0.1	0.01	0.02	0	0.08	0.05	0.01	0.01	0.05	0.1	0.08	0.02	0.02	0.05
				Ⅳ	1.28	0.45	0.14	0.01	0.03	0.01	0.11	0.07	0.01	0.02	0.06	0.14	0.11	0.02	0.02	0.07
				Ⅴ	1.65	0.58	0.18	0.02	0.03	0.01	0.14	0.09	0.01	0.02	0.08	0.18	0.15	0.03	0.03	0.09
	修改数据检查	15	0.0425	Ⅰ	3.88	1.37	0.42	0.04	0.08	0.02	0.34	0.21	0.03	0.06	0.19	0.43	0.34	0.08	0.07	0.2
				Ⅱ	4.72	1.67	0.51	0.05	0.09	0.02	0.41	0.26	0.04	0.07	0.24	0.52	0.42	0.09	0.08	0.24
				Ⅲ	5.55	1.96	0.6	0.06	0.11	0.03	0.48	0.31	0.05	0.08	0.28	0.61	0.49	0.11	0.1	0.29
				Ⅳ	7.77	2.75	0.83	0.08	0.16	0.04	0.67	0.43	0.07	0.12	0.39	0.86	0.69	0.16	0.13	0.4
				Ⅴ	9.99	3.53	1.07	0.1	0.2	0.05	0.86	0.55	0.09	0.15	0.5	1.11	0.89	0.2	0.17	0.52
	数据确认	16	0.0168	Ⅰ	1.54	2.69	0.82	0.08	0.15	0.04	0.66	0.42	0.07	0.11	0.38	0.84	0.68	0.15	0.13	0.39
				Ⅱ	1.86	0.66	0.2	0.02	0.04	0.01	0.16	0.1	0.02	0.03	0.09	0.21	0.16	0.04	0.03	0.1
				Ⅲ	2.19	0.77	0.23	0.02	0.04	0.01	0.19	0.12	0.02	0.03	0.11	0.24	0.19	0.04	0.04	0.11
				Ⅳ	3.07	1.09	0.33	0.03	0.06	0.02	0.27	0.17	0.03	0.05	0.15	0.34	0.27	0.06	0.05	0.16
				Ⅴ	3.95	1.4	0.42	0.04	0.08	0.02	0.34	0.22	0.04	0.06	0.2	0.44	0.35	0.08	0.07	0.2
	确认数据录入	17	0.0048	Ⅰ	0.44	0.16	0.05	0	0.01	0	0.04	0.02	0	0.01	0.02	0.05	0.04	0.01	0.01	0.02
				Ⅱ	0.53	0.19	0.06	0.01	0.01	0	0.05	0.03	0	0.01	0.03	0.06	0.05	0.01	0.01	0.03
				Ⅲ	0.63	0.22	0.07	0.01	0.01	0	0.05	0.03	0.01	0.01	0.03	0.07	0.06	0.01	0.01	0.03
				Ⅳ	0.88	0.31	0.09	0.01	0.02	0.01	0.08	0.05	0.01	0.01	0.04	0.1	0.08	0.02	0.02	0.05
				Ⅴ	1.13	0.4	0.12	0.01	0.02	0.01	0.1	0.06	0.01	0.02	0.06	0.13	0.1	0.02	0.02	0.06
	图件编绘	18	0	Ⅰ	0	0	0	0	0	0	0	0	0	0	0	0	0	0	0	0
				Ⅱ	0	0	0	0	0	0	0	0	0	0	0	0	0	0	0	0
				Ⅲ	0	0	0	0	0	0	0	0	0	0	0	0	0	0	0	0
				Ⅳ	0	0	0	0	0	0	0	0	0	0	0	0	0	0	0	0
				Ⅴ	0	0	0	0	0	0	0	0	0	0	0	0	0	0	0	0

续表

工作项目名称	工作项目占总工作比例	序号	预算级别	总费用	人员费	办公费	印刷费	水电费	邮电费	交通费	差旅费	会议费	培训费	专用材料和专用燃料费	咨询劳务费	委托业务费	设备购置费	维修(护)费	其他
成果检查	0.0419	19	Ⅰ	3.83	0.3538	0.1073	0.0102	0.02	0.005	0.0865	0.055	0.0089	0.015	0.05	0.1107	0.0887	0.02	0.0173	0.0516
			Ⅱ	4.65	1.36	0.41	0.04	0.08	0.02	0.33	0.21	0.03	0.06	0.19	0.42	0.34	0.08	0.07	0.2
			Ⅲ	5.47	1.65	0.5	0.05	0.09	0.02	0.4	0.26	0.04	0.07	0.23	0.51	0.41	0.09	0.08	0.24
			Ⅳ	7.66	1.94	0.59	0.06	0.11	0.03	0.47	0.3	0.05	0.08	0.27	0.61	0.49	0.11	0.09	0.28
			Ⅴ	9.85	2.71	0.82	0.08	0.15	0.04	0.66	0.42	0.07	0.11	0.38	0.85	0.68	0.15	0.13	0.4
编报编写	0.0919	20	Ⅰ	8.4	3.48	1.06	0.1	0.2	0.05	0.85	0.54	0.09	0.15	0.49	1.09	0.87	0.2	0.17	0.51
			Ⅱ	10.2	2.97	0.9	0.09	0.17	0.04	0.73	0.46	0.07	0.13	0.42	0.93	0.75	0.17	0.15	0.43
			Ⅲ	12	3.61	1.09	0.1	0.2	0.05	0.88	0.56	0.09	0.15	0.51	1.13	0.9	0.2	0.18	0.53
			Ⅳ	16.8	4.25	1.29	0.12	0.24	0.06	1.04	0.66	0.11	0.18	0.6	1.33	1.06	0.24	0.21	0.62
			Ⅴ	21.6	2.19	0.66	0.06	0.12	0.03	0.53	0.34	0.06	0.09	0.31	0.68	0.55	0.12	0.11	0.32
成果验收	0.0312	21	Ⅰ	2.85	7.64	2.32	0.22	0.43	0.11	1.87	1.19	0.19	0.32	1.08	2.39	1.92	0.43	0.37	1.11
			Ⅱ	3.46	1.01	0.31	0.03	0.06	0.01	0.25	0.16	0.03	0.04	0.14	0.32	0.25	0.06	0.05	0.15
			Ⅲ	4.07	1.22	0.37	0.04	0.07	0.02	0.3	0.19	0.03	0.05	0.17	0.38	0.31	0.07	0.06	0.18
			Ⅳ	5.7	1.44	0.44	0.04	0.08	0.02	0.35	0.22	0.04	0.06	0.2	0.45	0.36	0.08	0.07	0.21
			Ⅴ	7.33	2.02	0.61	0.06	0.11	0.03	0.49	0.31	0.05	0.09	0.29	0.63	0.51	0.11	0.1	0.29
合计			Ⅰ	91.39	2.59	0.79	0.07	0.15	0.04	0.63	0.4	0.07	0.11	0.37	0.81	0.65	0.15	0.13	0.38
			Ⅱ	110.98	32.33	9.81	0.93	1.83	0.46	7.91	5.03	0.81	1.37	4.57	10.12	8.11	1.83	1.58	4.72
			Ⅲ	130.56	39.26	11.91	1.13	2.22	0.55	9.6	6.1	0.99	1.66	5.55	12.29	9.84	2.22	1.92	5.73
			Ⅳ	182.78	46.19	14.01	1.33	2.61	0.65	11.29	7.18	1.16	1.96	6.53	14.45	11.58	2.61	2.26	6.74
			Ⅴ	235.01	64.67	19.61	1.86	3.66	0.91	15.81	10.05	1.63	2.74	9.14	20.23	16.21	3.66	3.16	9.43
县(市、区)					83.15	25.22	2.4	4.7	1.18	20.33	12.93	2.09	3.53	11.75	26.02	20.85	4.7	4.07	12.13

附件十一 黑龙江省土地利用变更调查基础取费标准表

工程项目名称：土地利用变更调查		工作项发生的支出费用与水平关系																							
实际工程项目支出科目归结支出费用的对应关系		人员费							办公费	印刷费	水电费		邮电费	交通费	差旅费	会议费	培训费	专用材料和专用燃料费		咨询劳务费	委托业务费	设备购置费		维修(护)费	其他	
序号	工作项	比例	基本工资	津贴补贴	奖金	社会保障金	伙食补助费	绩效工资	其他福利工资支出	办公费	印刷费	水费	电费	邮电费	其他交通工具运行维护	差旅费	会议费	培训费	专用材料费	专用燃料费	咨询劳务费	委托业务费	办公设备购置	专用设备购置	维修(护)费	咨询费	其他支出	合计
			0.1004	0.0667	0.0667	0.0333	0.0533	0.0167	0.0167	0.1073	0.0102	0.0050	0.0150	0.0050	0.0865	0.0550	0.0089	0.0150	0.0300	0.0200	0.1107	0.0887	0.0095	0.0105	0.0173	0.0200	0.0316	1
1	资料收集	0.0393	0.5152	0.3422	0.3422	0.1709	0.2735	0.0857	0.0857	0.5506	0.0523	0.0257	0.0770	0.0257	0.4438	0.2822	0.0457	0.0770	0.1539	0.1026	0.5680	0.4551	0.0487	0.0539	0.0888	0.1026	0.1621	
2	方案制定	0.0233	0.3054	0.2029	0.2029	0.1013	0.1621	0.0508	0.0508	0.3264	0.0310	0.0152	0.0456	0.0152	0.2631	0.1673	0.0271	0.0456	0.0913	0.0608	0.3368	0.2698	0.0289	0.0319	0.0526	0.0608	0.0961	
3	数据购买		0.0000	0.0000	0.0000	0.0000	0.0000	0.0000	0.0000	0.0000	0.0000	0.0000	0.0000	0.0000	0.0000	0.0000	0.0000	0.0000	0.0000	0.0000	0.0000	0.0000	0.0000	0.0000	0.0000	0.0000	0.0000	
4	人员培训	0.0359	0.4706	0.3126	0.3126	0.1561	0.2498	0.0783	0.0783	0.5029	0.0478	0.0234	0.0703	0.0234	0.4054	0.2578	0.0417	0.0703	0.1406	0.0937	0.5189	0.4157	0.0445	0.0492	0.0811	0.0937	0.1481	
5	试点开展	0.0141	0.1848	0.1228	0.1228	0.0613	0.0981	0.0307	0.0307	0.1975	0.0188	0.0092	0.0276	0.0092	0.1592	0.1012	0.0164	0.0276	0.0552	0.0368	0.2038	0.1633	0.0175	0.0193	0.0318	0.0368	0.0582	
6	工作准备	0.0552	0.7236	0.4807	0.4807	0.2400	0.3841	0.1204	0.1204	0.7733	0.0735	0.0360	0.1081	0.0360	0.6234	0.3964	0.0641	0.1081	0.2162	0.1441	0.7978	0.6393	0.0685	0.0757	0.1247	0.1441	0.2277	
7	底图制作	0.0070	0.0918	0.0610	0.0610	0.0304	0.0487	0.0153	0.0153	0.0981	0.0093	0.0046	0.0137	0.0046	0.0791	0.0503	0.0081	0.0137	0.0274	0.0183	0.1012	0.0811	0.0087	0.0096	0.0158	0.0183	0.0289	
8	外业调查	0.4115	5.3940	3.5835	3.5835	1.7891	2.8636	0.8972	0.8972	5.7647	0.5480	0.2686	0.8059	0.2686	4.6473	2.9549	0.4782	0.8059	1.6118	1.0745	5.9474	4.7654	0.5104	0.5641	0.9295	1.0745	1.6977	
9	调查数据整理	0.0191	0.2504	0.1663	0.1663	0.0830	0.1329	0.0416	0.0416	0.2676	0.0254	0.0125	0.0374	0.0125	0.2157	0.1372	0.0222	0.0374	0.0748	0.0499	0.2761	0.2212	0.0237	0.0262	0.0431	0.0499	0.0788	
10	调查数据检查	0.0134	0.1757	0.1167	0.1167	0.0583	0.0932	0.0292	0.0292	0.1877	0.0178	0.0087	0.0262	0.0087	0.1513	0.0962	0.0156	0.0262	0.0525	0.0350	0.1937	0.1552	0.0166	0.0184	0.0303	0.0350	0.0553	
11	调查数据录入	0.0239	0.3133	0.2081	0.2081	0.1039	0.1663	0.0521	0.0521	0.3348	0.0318	0.0156	0.0468	0.0156	0.2699	0.1716	0.0278	0.0468	0.0936	0.0624	0.3454	0.2768	0.0296	0.0328	0.0540	0.0624	0.0986	
12	内业计算	0.0094	0.1232	0.0819	0.0819	0.0409	0.0654	0.0205	0.0205	0.1317	0.0125	0.0061	0.0184	0.0061	0.1062	0.0675	0.0109	0.0184	0.0368	0.0245	0.1359	0.1089	0.0117	0.0129	0.0212	0.0245	0.0388	
13	外业核查	0.1118	1.4655	0.9736	0.9736	0.4861	0.7780	0.2438	0.2438	1.5662	0.1489	0.0730	0.2189	0.0730	1.2626	0.8028	0.1299	0.2189	0.4379	0.2919	1.6158	1.2947	0.1387	0.1533	0.2525	0.2919	0.4613	
14	修改	0.0070	0.0918	0.0610	0.0610	0.0304	0.0487	0.0153	0.0153	0.0981	0.0093	0.0046	0.0137	0.0046	0.0791	0.0503	0.0081	0.0137	0.0274	0.0183	0.1012	0.0811	0.0087	0.0096	0.0158	0.0183	0.0289	
15	修改数据检查	0.0425	0.5571	0.3701	0.3701	0.1848	0.2958	0.0927	0.0927	0.5954	0.0566	0.0277	0.0832	0.0277	0.4800	0.3052	0.0494	0.0832	0.1665	0.1110	0.6143	0.4922	0.0527	0.0583	0.0960	0.1110	0.1753	
16	数据确认	0.0168	0.2202	0.1463	0.1463	0.0730	0.1169	0.0366	0.0366	0.2354	0.0224	0.0110	0.0329	0.0110	0.1897	0.1206	0.0195	0.0329	0.0658	0.0439	0.2428	0.1946	0.0208	0.0230	0.0379	0.0439	0.0693	
17	确认数据录入	0.0048	0.0629	0.0418	0.0418	0.0209	0.0334	0.0105	0.0105	0.0672	0.0064	0.0031	0.0094	0.0031	0.0542	0.0345	0.0056	0.0094	0.0188	0.0125	0.0694	0.0556	0.0060	0.0066	0.0108	0.0125	0.0198	
18	图件编绘		0.0000	0.0000	0.0000	0.0000	0.0000	0.0000	0.0000	0.0000	0.0000	0.0000	0.0000	0.0000	0.0000	0.0000	0.0000	0.0000	0.0000	0.0000	0.0000	0.0000	0.0000	0.0000	0.0000	0.0000	0.0000	
19	成果检查	0.0419	0.5492	0.3649	0.3649	0.1822	0.2916	0.0914	0.0914	0.5870	0.0558	0.0274	0.0821	0.0274	0.4732	0.3009	0.0487	0.0821	0.1641	0.1094	0.6056	0.4852	0.0520	0.0574	0.0946	0.1094	0.1729	
20	报告编写	0.0919	1.2046	0.8003	0.8003	0.3995	0.6395	0.2004	0.2004	1.2874	0.1224	0.0600	0.1800	0.0600	1.0379	0.6599	0.1068	0.1800	0.3600	0.2400	1.3282	1.0643	0.1140	0.1260	0.2076	0.2400	0.3792	
21	成果验收	0.0312	0.4090	0.2717	0.2717	0.1356	0.2171	0.0680	0.0680	0.4371	0.0415	0.0204	0.0611	0.0204	0.3524	0.2240	0.0363	0.0611	0.1222	0.0815	0.4509	0.3613	0.0387	0.0428	0.0705	0.0815	0.1287	
	合计	1	13.1082	8.7084	8.7084	4.3476	6.9588	2.1804	2.1804	14.0091	1.3317	0.6528	1.9584	0.6528	11.2934	7.1808	1.1620	1.9584	3.9168	2.6112	14.4530	11.5807	1.2403	1.3709	2.2587	2.6112	4.1257	130.56

附件十 黑龙江省土地利用现状调查基础取费标准表

工程项目名称：土地利用现状调查

序号	工作项	比例	人员费							办公费		印刷费	水电费		邮电费	交通费		差旅费	会议费	培训费	专用材料和专用燃料费		咨询劳务费	委托业务费	设备购置费		维修(护)费	其他									合计
			基本工资	津贴补贴	奖金	社会保障金	伙食补助费	绩效工资	其他福利工资支出	办公费	手续费	印刷费	水费	电费	邮电费	其他交通工具运行维护	差旅费	会议费	培训费	专用材料费	专用燃料费	咨询劳务费	委托业务费	办公设备购置	专用设备购置	维修(护)费	咨询费	取暖费	物业管理费	因公出国(境)费用	租赁费	公务接待费	其他商品和服务支出	信息网络构建	其他支出	
			0.1075	0.0268	0.0351	0.0348	0.0192	0.0389	0.0465	0.0600	0.0053	0.0241	0.0057	0.0117	0.0158	0.0524	0.0485	0.0205	0.0182	0.0275	0.0571	0.1346	0.0501	0.0185	0.0226	0.0114	0.0500	0.0020	0.0012	0.0002	0.0003	0.0054	0.0100	0.0194	0.0187	1
1	资料收集	0.0365	8.1346	2.0280	2.6560	2.6333	1.4529	2.9436	3.5187	4.5402	0.4011	1.8237	0.4313	0.8853	1.1956	3.9651	3.6700	1.5512	1.3772	2.0809	4.3208	10.1853	3.7911	1.3999	1.7102	0.8626	3.7835	0.1513	0.0908	0.0151	0.0227	0.4086	0.7567	1.4680	1.4150	
2	方案制定	0.0195	4.3459	1.0834	1.4190	1.4069	0.7762	1.5726	1.8798	2.4256	0.2143	0.9743	0.2304	0.4730	0.6387	2.1184	1.9607	0.8287	0.7358	1.1117	2.3084	5.4414	2.0254	0.7479	0.9136	0.4609	2.0213	0.0809	0.0485	0.0081	0.0121	0.2183	0.4043	0.7843	0.7560	
3	数据购买	0.0078	1.7384	0.4334	0.5676	0.5627	0.3105	0.6290	0.7519	0.9702	0.0857	0.3897	0.0922	0.1892	0.2555	0.8473	0.7843	0.3315	0.2943	0.4447	0.9233	2.1766	0.8102	0.2992	0.3655	0.1843	0.8085	0.0323	0.0194	0.0032	0.0049	0.0873	0.1617	0.3137	0.3024	
4	人员培训	0.0416	9.2712	2.3113	3.0272	3.0013	1.6559	3.3549	4.0103	5.1746	0.4571	2.0785	0.4916	1.0091	1.3627	4.5192	4.1828	1.7680	1.5696	2.3717	4.9245	11.6084	4.3208	1.5955	1.9491	0.9832	4.3122	0.1725	0.1035	0.0172	0.0259	0.4657	0.8624	1.6731	1.6128	
5	试点开展	0.0680	15.1549	3.7781	4.9482	4.9059	2.7067	5.4839	6.5554	8.4585	0.7472	3.3975	0.8036	1.6494	2.2274	7.3871	6.8373	2.8900	2.5658	3.8768	8.0497	18.9753	7.0629	2.6080	3.1860	1.6071	7.0488	0.2820	0.1692	0.0282	0.0423	0.7613	1.4098	2.7349	2.6362	
6	工作准备	0.0736	16.4029	4.0893	5.3557	5.3100	2.9296	5.9356	7.0952	9.1551	0.8087	3.6773	0.8697	1.7852	2.4108	7.9955	7.4004	3.1280	2.7771	4.1961	8.7126	20.5380	7.6445	2.8228	3.3484	1.7395	7.6293	0.3052	0.1831	0.0305	0.0458	0.8240	1.5259	2.9602	2.8533	
7	底图制作	0.0096	2.1395	0.5334	0.6986	0.6926	0.3821	0.7742	0.9255	1.1941	0.1055	0.4796	0.1134	0.2329	0.3145	1.0429	0.9653	0.4080	0.3622	0.5473	1.1364	2.6789	0.9971	0.3682	0.4498	0.2269	0.9951	0.0398	0.0239	0.0040	0.0060	0.1075	0.1990	0.3861	0.3722	
8	外业调查	0.4112	91.6424	22.8467	29.9223	29.6666	16.3678	33.1618	39.6407	51.1493	4.5182	20.5449	4.8592	9.9741	13.4693	44.6703	41.3456	17.4760	15.5153	23.4434	48.6770	114.7448	42.7096	15.7710	19.2662	9.7184	42.6244	1.7050	1.0230	0.1705	0.2557	4.6034	8.5249	16.5383	15.9415	
9	调查数据整理	0.0085	1.8944	0.4723	0.6185	0.6132	0.3383	0.6855	0.8194	1.0573	0.0934	0.4247	0.1004	0.2062	0.2784	0.9234	0.8547	0.3612	0.3207	0.4846	1.0062	2.3719	0.8829	0.3260	0.3983	0.2009	0.8811	0.0352	0.0211	0.0035	0.0053	0.0952	0.1762	0.3419	0.3295	
10	调查数据检查	0.0154	3.4321	0.8556	1.1206	1.1111	0.6130	1.2420	1.4846	1.9156	0.1692	0.7694	0.1820	0.3735	0.5044	1.6730	1.5485	0.6545	0.5811	0.8780	1.8230	4.2973	1.5995	0.5906	0.7215	0.3640	1.5963	0.0639	0.0383	0.0064	0.0096	0.1724	0.3193	0.6194	0.5970	
11	调查数据录入	0.0342	7.6220	1.9002	2.4887	2.4674	1.3613	2.7581	3.2970	4.2541	0.3758	1.7087	0.4041	0.8296	1.1203	3.7153	3.4388	1.4535	1.2904	1.9498	4.0485	9.5435	3.5522	1.3117	1.6024	0.8083	3.5451	0.1418	0.0851	0.0142	0.0213	0.3829	0.7090	1.3755	1.3259	
12	内业计算	0.0392	8.7363	2.1780	2.8525	2.8281	1.5604	3.1613	3.7790	4.8761	0.4307	1.9586	0.4632	0.9508	1.2840	4.2585	3.9415	1.6660	1.4791	2.2349	4.6404	10.9387	4.0715	1.5035	1.8367	0.9265	4.0634	0.1625	0.0975	0.0163	0.0244	0.4388	0.8127	1.5766	1.5197	
13	外业核查	0.0858	19.1219	4.7671	6.2435	6.1902	3.4153	6.9195	8.2713	10.6727	0.9428	4.2869	1.0139	2.0812	2.8105	9.3208	8.6271	3.6465	3.2374	4.8916	10.1568	23.9424	8.9117	3.2907	4.0200	2.0278	8.8939	0.3558	0.2135	0.0356	0.0534	0.9605	1.7788	3.4508	3.3263	
14	修改	0.0072	1.6046	0.4000	0.5239	0.5195	0.2866	0.5807	0.6941	0.8956	0.0791	0.3597	0.0851	0.1746	0.2358	0.7822	0.7240	0.3060	0.2717	0.4105	0.8523	2.0092	0.7478	0.2761	0.3373	0.1702	0.7463	0.0299	0.0179	0.0030	0.0045	0.0806	0.1493	0.2896	0.2791	
15	修改数据检查	0.0092	2.0504	0.5112	0.6695	0.6637	0.3662	0.7419	0.8869	1.1444	0.1011	0.4597	0.1087	0.2232	0.3014	0.9994	0.9250	0.3910	0.3471	0.5245	1.0891	2.5672	0.9556	0.3529	0.4311	0.2174	0.9537	0.0381	0.0229	0.0038	0.0057	0.1030	0.1907	0.3700	0.3567	
16	数据确认	0.0176	3.9224	0.9779	1.2807	1.2698	0.7006	1.4194	1.6967	2.1893	0.1934	0.8794	0.2080	0.4269	0.5765	1.9120	1.7697	0.7480	0.6641	1.0034	2.0835	4.9113	1.8280	0.6750	0.8246	0.4160	1.8244	0.0730	0.0438	0.0073	0.0109	0.1970	0.3649	0.7079	0.6823	
17	确认数据录入	0.0072	1.6046	0.4000	0.5239	0.5195	0.2866	0.5807	0.6941	0.8956	0.0791	0.3597	0.0851	0.1746	0.2358	0.7822	0.7240	0.3060	0.2717	0.4105	0.8523	2.0092	0.7478	0.2761	0.3373	0.1702	0.7463	0.0299	0.0179	0.0030	0.0045	0.0806	0.1493	0.2896	0.2791	
18	图件编绘	0.0193	4.3013	1.0723	1.4044	1.3924	0.7682	1.5565	1.8606	2.4007	0.2121	0.9643	0.2281	0.4681	0.6322	2.0966	1.9406	0.8202	0.7282	1.1003	2.2847	5.3856	2.0046	0.7402	0.9043	0.4561	2.0006	0.0800	0.0480	0.0080	0.0120	0.2161	0.4001	0.7762	0.7482	
19	成果检查	0.0248	5.5271	1.3779	1.8047	1.7892	0.9872	2.0000	2.3908	3.0849	0.2725	1.2391	0.2931	0.6016	0.8124	2.6941	2.4936	1.0540	0.9357	1.4139	2.9358	6.9204	2.5759	0.9512	1.1620	0.5861	2.5707	0.1028	0.0617	0.0103	0.0154	0.2776	0.5141	0.9974	0.9615	
20	报告编写	0.0304	6.7751	1.6891	2.2122	2.1932	1.2101	2.4516	2.9306	3.7815	0.3340	1.5189	0.3592	0.7374	0.9958	3.3025	3.0567	1.2920	1.1470	1.7332	3.5987	8.4831	3.1575	1.1660	1.4244	0.7185	3.1512	0.1260	0.0756	0.0126	0.0189	0.3403	0.6302	1.2227	1.1786	
21	成果验收	0.0334	7.4437	1.8557	2.4305	2.4097	1.3295	2.6936	3.2198	4.1546	0.3670	1.6688	0.3947	0.8102	1.0941	3.6284	3.3583	1.4195	1.2602	1.9042	3.9538	9.3202	3.4691	1.2810	1.5649	0.7894	3.4622	0.1385	0.0831	0.0138	0.0208	0.3739	0.6924	1.3433	1.2949	
合计		1	222.9733	55.5610	72.7683	72.1463	39.8049	80.6463	96.4024	124.3902	10.9878	49.9634	11.8171	24.2561	32.7561	108.6341	100.5487	42.5000	37.7317	57.0122	118.3780	279.0487	103.8658	38.3536	46.8536	23.6341	103.6585	4.1463	2.4878	0.4146	0.6220	11.1951	20.7317	40.2195	38.7683	2,073.28

附件十二 现状调查困难影响因素补充调查汇总样表

行政区			困难影响因素名称																				
			地形地貌					交通状况				图斑、线状地物密度			权属单位密度		界址点密度		综合平均变化率	国家下发疑问图斑个数			实际变更图斑个数			权属变化率	
行政区名	行政区代码	行政区面积（千米²）	≤2°	2°~6°（含）	6°~15°（含）	15°~25°（含）	>25°	公路长度（千米）	铁路长度（千米）	农路长度（千米）	路网密度（千米/100千米²）	图斑个数	线状地物个数	图斑、线状地物密度(个/100千米²)	权属单位个数	权属单位密度(个/100千米²)	界址点个数	界址点密度(个/100千米²)		2010年	2011年	2012年	2010年	2011年	2012年	权属单位变化个数(宗地更新)	权属单位变化率(个/100千米²)